QU'EST-CE QUE L'INTERNET ?

CHEMINS PHILOSOPHIQUES

Collection dirigée par Roger POUIVET

Paul MATHIAS

QU'EST-CE QUE L'INTERNET ?

Paris

LIBRAIRIE PHILOSOPHIQUE J. VRIN

6, place de la Sorbonne, V^e

2009

V. Busch, « As We May Think »
© *The Atlantic Monthly*, vol. 146, n° 1, juillet 1945

J. Swift, *Les voyages de Gulliver*, chapitre V
© Paris, Garnier frères, 1856

© *Librairie Philosophique J. VRIN,* 2009

Imprimé en France
ISSN 1762-7184
ISBN 978-2-7116-2236-8

www.vrin.fr

QU'EST-CE QUE L'INTERNET ?

> *Il y a bien de la différence entre un
> livre que fait un particulier, et qu'il
> jette dans le peuple, et un livre que
> fait lui-même un peuple. On ne peut
> douter que le livre ne soit aussi
> ancien que le peuple.*
> Pascal, *Pensées*, B628/L436

INTRODUCTION

L'Internet forme le point de convergence d'une architecture industrielle distribuée, de multiples langages informatiques interopérables et d'un très grand nombre de pratiques intellectuelles et cognitives. Parmi elles, des activités économiques et sociales, associatives et politiques, voire tout simplement ludiques, gratuites, vaines, inconsistantes, volatiles et « disapparaissantes ». Univers informationnel « dont le centre est partout », car il n'est pas de position privilégiée sur le Réseau de laquelle on puisse envelopper en une représentation univoque le spectre infini de ses variations actuelles ; et « la circonférence nulle part », car il n'est pas de machine connectée aux réseaux vers laquelle ne puisse converger ou se disperser de l'information. Incommensurable et motile, le graphe de l'Internet relie en autant de sommets épars une infinité de machines disséminées à travers notre monde matériel, industriel, marchand, social, privé. De n'importe quel sommet à n'importe quelle machine et de n'importe quel poste informatique à n'importe quel usager, une circulation foisonnante de datagrammes reconfigure sans cesse, au gré des paquets qu'elle fait transiter, la texture effective et concrète des réseaux numériques [1].

« Internet » est un mot qui ne s'emploie du reste pas sans faux sens ni approximations. En témoigne l'amputation très courante – et plus incorrecte encore? – de l'article défini qui commue en nom propre le concept d'une chose sans doute formellement unique, mais non point personnifiable, à moins de métaphores théologiques et d'une pensée qui confine à la magie. La distinction n'est pas si anodine, car s'il fallait s'intéresser à « Internet » plutôt qu'à « l'Internet », il y a des chances qu'on en parlerait comme de Dieu plutôt que de l'univers, ou de Pierre et de Paul plutôt que d'une machine et de ses raisons logicielles. Dans le même ordre d'idées, la confusion est courante de l'Internet et du *web* ou de la « Toile », comme si la

---

1. Sur les réseaux, le transport de l'information est organisé autour de l'agencement de blocs numériques élémentaires dits « paquets », généralement constitués de 32768 octets de données, indépendamment de la nature du message: texte, son, image animée ou fixe. On appelle « datagramme » un paquet incluant sa propre adresse de destination, un peu à la manière d'une carte postale. Les datagrammes circulent principalement, mais non pas exclusivement, grâce à l'*Internet Protocol* (IP) et au *Transfer Control Protocol* (TCP), celui-ci opérant « par-dessus » celui-là (d'où l'acronyme TCP/IP). L'invention de la technique du datagramme est due au français L. Pouzin (en 1971) et le nom même qui la désigne à l'ingénieur norvégien H. Botner-By (vers 1975).

prévalence des usages et leurs mots courants faisaient leur jeu à part la réalité à décrire. L'Internet n'est pas la Toile, comme il n'est pas un réseau de diffusion pour la musique, les images, de l'information ou des savoirs. La radiophonie et la télévision se sont chargées de ces services en leur temps de monopole, comme elles continuent de s'y employer en des temps où l'expansion des réseaux concurrence leurs méthodes et leurs finalités. Quant au *web*, ce n'est qu'une certaine organisation non hiérarchique et hypertextuelle de l'information, dont l'essor et l'usage désormais quotidien sont la conséquence d'un langage informatique assez rudimentaire mais redoutablement efficace – le langage HTML [1] – ainsi que des interfaces graphiques extrêmement commodes offertes par les « navigateurs ». Prendre l'Internet pour le *web*, c'est confondre la partie et le tout. Avec quelques excuses cependant, la facilité d'utilisation des navigateurs et la plasticité de leurs fonctions permettant de consulter indifféremment des sources documentaires, de télécharger toutes sortes de fichiers, ou tout simplement de faire sa correspondance électronique.

En réalité l'Internet est autre chose : un essaim de réseaux privés et publics, institutionnels ou commerciaux, gouvernementaux, entrepreneuriaux, associatifs, réciproquement connectés en une myriade de « nœuds » pour former une nébuleuse informationnelle largement insondable, diversement organisée, parfois ouverte et disponible, souvent secrète et propriétaire. Concrètement, l'Internet n'est pas homogène

---

1. Physicien employé au Centre Européen pour la Recherche Nucléaire (CERN), T. Berners-Lee est l'inventeur de cet *HyperText Mark-up Language* qui permet de relier n'importe quel document (ou partie de document) à n'importe quel autre document (ou partie de document). La première mention de ce langage informatique date de mars 1989.

ni uniforme. Extrêmement diverses, nos pratiques réticulaires [1] traduisent elles-mêmes dans les faits la diversité des protocoles informatiques mobilisés par le *système* Internet. Au-delà de TCP/IP et des protocoles et algorithmes garantissant les transferts informationnels d'un point à un autre du cyberespace, de nombreuses applications spécifiques rendent possibles des communications de natures elles-mêmes diverses, le transport de l'image animée requérant par exemple d'autres procédures que celui des messages de courrier électronique ou même le chargement d'une page *web* conventionnelle.

Pour jeter quelque lumière sur la réalité de l'Internet, il faut donc en considérer les conditions d'existence et se référer à un *contexte industriel* dont le spectre est relativement large. L'entrelacs des infrastructures impliquées est d'une intrication presque décourageante. Il n'y va pas seulement d'installations techniques intercontinentales, nationales, régionales, locales – satellites de télécommunications, maillage des territoires en moyens de transmission (antennes, centraux téléphoniques, fibre optique, boucle locale, etc.), industries informatique et logicielle; il y va aussi de commerce et de profitabilité, de répartition ou de rétention des ressources, de droit civil et de droit des gens, de droit public et de droit privé; il y va d'entreprises culturelles ou de pratiques politiques ou démocratiques, de politiques locales mais internationales aussi bien; il y va de partage des savoirs ou d'exploitation marchande des conduites individuelles et privées; il y va de libertés et de surveillance, de ressources humaines aussi bien que de valorisation de ces ressources humaines – il y va de la

---

1. Forgé à partir de « rets », qui désigne un petit filet, « réticulaire » permet de qualifier tout ce qui a trait aux réseaux, leur structure et leur usage.

vie, de sa complexité, de son génie inventif, de ses soubresauts comme de sa fadeur ou de son inachèvement.

On ne peut donc ignorer les *dynamiques intellectuelles* impliquées par les réseaux. Entendons par là toute espèce de pratique réticulaire, qui suppose effectivement toujours une forme ou une autre de *littératie*[1], d'usage de la lecture, de l'écriture, mais également des outils informatiques permettant de mener à bien une série quelconque d'opérations télématiques. Quelles que soient les compétences mobilisées pour publier des contenus sur les réseaux, on met toujours en œuvre des procédures intellectuelles plus ou moins complexes et contraignantes. Une conscience flottante des véritables enjeux de nos opérations télématiques n'interdit pas les choix axiologiques que traduisent les processus informatiques effectivement initiés : téléchargements incertains, navigations houleuses, comportements sociaux asociaux ! En ce sens, l'expérience des réseaux se révèle clairement une expérience sémantique. Et quelle que soit la diversité des comportements impliqués, *l'intelligence des réseaux consiste tout bonnement dans la mise en réseau des intelligences*.

Le concept d'intelligence n'en est pas moins problématique et trop souvent associé à une normativité de type académique ou institutionnel. De manière extrêmement classique, il désigne en fait le « bon sens » ou tout simplement le « sens » – l'homme « le plus hébété » pouvant assurément communiquer, faire sens, donner à voir, croire, penser. Les

---

1. De l'anglais *literacy*, le terme se distingue du traditionnel « alphabétisation » qui concerne plus spécifiquement l'apprentissage de la lecture et de l'écriture. Dans le fond cependant, il s'agit de la même chose, dans un contexte qui est désormais celui de l'univers informationnel et des opérations machiniques sous-jacentes.

dynamiques intellectuelles auxquelles il faut faire droit sont toutes celles qui président aux faits, gestes, choix, décisions, conduites dont l'univers très disparate de l'Internet garde de multiples stigmates numériques sur tous les supports mobilisés. Échanges de courriers électroniques, recherches de contenus culturels épars, navigations réglées ou erratiques, les logiques qui président aux connexions et donc aux flux d'information sont irréductibles à des schémas formels clairement identifiables et trahissent autant d'intentions, de volontés, d'aspirations, de désirs satisfaits ou de sempiternelles frustrations, autant de quantités *discrètes* de sens dont le système reste opaque et finalement indescriptible. Sauf sans doute à y observer ou y repérer des constantes statistiques, à y introduire des schèmes téléologiques *a priori*, à y reconnaître en quelque sorte par avance des manières, des mœurs, des comportements formellement identifiables, discriminables, intelligibles. L'Internet marquerait alors un partage séminal des intelligences, une communication technologique et universelle des consciences, des opinions, des points de vue, perspectives, horizons, conceptions, imaginations, pensées, observations, expériences, habitudes. Il exprimerait en tout cas la banalité d'un *monde*, effectivement fait de représentations entrelacées, entre-expressives ou antagonistes, toujours relatives les unes aux autres, saturées de multiples et indécidables médiations herméneutiques : anthropologiques, sociologiques, épistémologiques et le plus souvent tout simplement axiologiques – saturées de ce qu'on nomme des « valeurs de vie ».

Ainsi fixée, la réalité de l'Internet infléchit singulièrement la question qu'on voudrait poser de sa nature. Les réseaux se déploient dans la spectaculaire évidence d'une galaxie sémantique en formation. L'univers techno-informationnel auquel ils s'adossent suit les progrès réguliers d'industries implantées au niveau mondial et complètement interdépendantes : matières premières, matériaux plastiques ou métalliques, construction lourde, *consumer industries*, médias, loisirs, etc., tout cela se tient dans le creux des réseaux numériques. L'Internet s'est lové dans une infrastructure économique et industrielle qui le précédait et qu'il a sublimée. En tant que tel, il n'est qu'un moment de l'essor des économies contemporaines. Avatar néo-capitaliste d'une histoire de « l'exploitation de l'homme par l'homme », c'est assurément une figure ou un symptôme de l'état du monde contemporain – mais non pas plus que l'industrie automobile ou aéronautique, l'industrie cinématographique, la presse, l'édition, la pêche à la baleine ou les industries du cachemire et du luxe !

Le *problème* de l'Internet n'est en vérité pas là. Du moins là n'en est pas le problème *philosophique*. Mais comment cependant penser en termes philosophiques un phénomène dont la dimension mondaine et à certains égards prosaïque – ou du moins chosique – semble l'enraciner dans les sciences descriptives ou exactes ? Dans les sciences informatiques quand il est question des algorithmes et de leur optimisation ; dans les sciences physiques s'il est question de flux et du dimensionnement de l'infrastructure technique des réseaux ; dans les sciences psychologiques ou sociales lorsqu'on étudie les constantes comportementales ou leur variation à travers les latitudes, les longitudes ou les cultures ? Il existe par exemple une réponse mathématique et technique à la question de savoir ce qu'est l'Internet, qui s'accompagne de représentations graphiques idoines et de l'élaboration de stratégies prévisionnelles adéquates à sa nature topologique[1]. Il y a de même une approche psychologique, sociologique, économique, politique de l'usage des réseaux ou de leur opportunité dans le développement des pratiques associatives ou sociétales, des pratiques cognitives, éthiques, ludiques, etc. Dans leurs contextes respectifs, toutes donnent lieu à de la réglementation et de la loi, parfois à quelques débats publics sur « la solidarité » ou « le logement numérique ». Les sciences exactes aussi bien que les sciences humaines ont déterminé une réalité fixe et tangible de l'Internet, dans l'ambiance de laquelle ce n'est pas tant la question de sa nature réelle ou supposée qui se pose, que celle des stratégies induites par son essor et par l'attachement accru que nous manifestons à son existence.

Il existe donc assurément une irréductible *objectivité* des réseaux. La préoccupation des savoirs qui les investissent n'est pas réellement de questionner leur être ou les élaborations de sens dont ils seraient la matrice numérique, mais de discriminer des régions d'efficacité et d'en exploiter les ressources. Dans l'évidence de l'ustensilité de l'Internet réside la certitude de profits variés mais potentiellement constitués, en termes économiques principalement, en termes cognitifs également ou bien sociaux et politiques. Quoi que soient les réseaux, une économie en a émergé dont il doit être possible de tirer avantage, serait-ce par l'invention ou la découverte de

---

1. En 1997, la démonstration a été faite que l'Internet évolue selon la logique des réseaux à échelle libre (*scale free networks*), non celle des réseaux aléatoires (*random networks*). – Voir S.-H. Yook, H. Teong, A.-L. Barabasí, « Modeling the Internet's Large-Scale Topology », *Proceedings of the National Academy of Sciences of the United States of America*, vol. 99, n° 21, p. 13382-13386.

business models originaux. Une nouvelle distribution des savoirs s'y fait jour, qui affecte la façon dont les institutions valident les connaissances et garantissent leur valeur de vérité, induisant ainsi de nouveaux protocoles de diffusion et d'appropriation de ces savoirs. Quelle qu'en soit l'extension supposée, la nomenclature de nos usages paraît appeler une interprétation schématiquement utilitariste de l'Internet : il *sert à* – et peu importe à quoi, pourvu qu'on y trouve de l'utilité et qu'on en dégage du profit !

Le problème de l'usage

Instrument de communication et outil de recherche, espace graphique de la connaissance ou médiateur de multiples formes de discussion, l'Internet est traversé par un ensemble de pratiques dont les variations sont indéfinies, à défaut d'être objectivement infinies. Des listes de diffusion aux listes de discussion, des requêtes et téléchargements au courrier électronique, le monde Internet surgit *tout entier* immédiatement sur la surface étroite et plane de l'écran informatique. Il surgit « en personne » et comme un ensemble algorithmiquement aggloméré d'*affordances* ou « offres de possibilité » télématiques [1]. À l'aide des multiples applications logicielles dont il

---

1. Le concept d'« *affordances* » a été élaboré par J.J. Gibson en 1971 pour décrire la relation du vivant à son milieu et par extension certains aspects de notre relation aux choses. À la suite des travaux de D.A. Norman, et notamment de *The Design of Everyday Things* (New York, Doubleday, 1988), le mot a été importé dans la rhétorique descriptive de l'Internet en raison d'une certaine analogie entre nos pratiques intellectuelles et les outils informatiques permettant de les développer. – *Cf.* « A Preliminary Description and Classification

dispose – et des protocoles informatiques qu'elles mettent donc en œuvre – l'usager peut instantanément bénéficier de tous les services que la puissance de son dispositif technique est susceptible de lui prodiguer. Les téléphones portables sont assurément moins flexibles que les ordinateurs, dont les performances variables infléchissent encore l'expérience qu'on fait des réseaux. Pourtant, l'un dans l'autre, l'expérience de l'Internet et de ses *affordances* s'avère globalement uniforme, c'est-à-dire qu'elle est uniformément multiple – hétérogène et complexe mais pourtant univoque. Notre expérience des réseaux peut effectivement recouvrir des usages techniques divers, elle reste toutefois rassemblée autour d'un nombre relativement restreint de programmes applicatifs, voire autour du seul « navigateur » qui nous permet de communiquer, de télécharger, de consulter, d'échanger des données de toutes sortes. Multiplicité, hétérogénéité, complexité sont des catégories objectivement descriptives de la réalité de nos expériences réticulaires. Mais elles sont pourtant gommées par la relative isomorphie des gestes techniques auxquels se résument nos pratiques. Sous-tendues par un redoutable complexe infotechnique, les manipulations effectives demeurent en apparence simples. Il est difficile de dire si la relative uniformité de nos usages tient à une demande implicite du public ou à une politique délibérée des acteurs de l'industrie informatique – probablement à une alliance opaque aussi bien qu'efficiente de l'une et de l'autre. Ce qui est sûr, c'est qu'il n'y a pas de commune mesure entre la réalité *opératoire* de nos

of Affordances », dans E.S. Reed and R.K. Jones (dir.), *Reasons for Realism : Selected Essays of James J. Gibson*, Hillsdale (NJ), Lawrence Erlbaum Associates Inc., 1982, IIe partie, chap. 4.9, p. 403-406.

pratiques et leur réalité *conscientielle*. Et nous n'avons tout simplement pas la moindre idée de ce que signifie l'intégration à l'espace uniforme du « navigateur » de la multiplicité des protocoles informatiques que nous invoquons et manipulons sans cesse machinalement au gré de nos pérégrinations télématiques.

Pour s'en tenir à quelques opérations communes, on remarquera qu'un navigateur peut à lui seul servir plusieurs fonctions : courrier électronique, consultation de sites *web*, participation à l'élaboration ou au développement de sites personnels ou collaboratifs, recherche dans des bases de données, écoute de musique, visionnage de séquences vidéo, jeu en ligne, composition de textes ou de fiches comptables, administration d'un ordinateur distant – la liste n'est pas limitative. Il y a donc comme une homologie entre les possibilités offertes par un ordinateur personnel isolé et les « offres de possibilité » du Réseau, l'interface graphique du navigateur tenant à peu de choses près lieu du « Bureau » auquel est désormais accoutumé tout usager de l'informatique. C'est en ce sens que la simplicité est l'apparence – mais l'apparence seulement – de la complexité. L'objet qui scintille sur l'écran n'est pas, comme sur une feuille, un texte ou une image, il n'est pas même un simple composite d'objets un peu disparates. En sa vérité, l'objet est un système applicatif opaque dont nous n'apercevons qu'une interface utilisable, dont nous ne possédons qu'un usage rudimentairement technique, dont nous sommes condamnés à méconnaître et bien plutôt même *oublier* la complexité et la transparence – l'*invisibilité* !

La complexité de l'objet visé et du langage requis pour y avoir accès se tient à distance de l'usager ordinaire. Tandis que la démultiplication et l'intégration des protocoles informatiques rendent l'Internet accessible et disponible, la communauté et l'uniformité des usages s'amplifie dans une ignorance tranquille des processus algorithmiques de plus en plus parallèles et interopérables mis en œuvre. L'uniformité d'interfaces graphiques avenantes gomme la singularité ou la complexité de procédures informatiques hétéronomes et sous-jacentes, et oblitère par conséquent tout un *compendium* d'intentionnalités intellectuelles ou pratiques elles-mêmes diffuses et disparates. C'est ainsi que l'on finit par croire qu'une page *web* est une page *web*, alors que certaines seulement d'entre elles sont statiques et faites de texte et parfois d'images, tandis que beaucoup d'autres sont de véritables micro-applications et des compositions dynamiques « générées » en temps réel par des requêtes adressées à un serveur. De manière très peu sensible, les pratiques réticulaires sont assujetties à des processus de normalisation qui nous laissent avec l'impression que des services homogènes et des applications logicielles intégrées sauront satisfaire des aspirations elles-mêmes homogènes.

De tels processus d'assimilation et de normalisation participent d'une vision instrumentale et unidimensionnelle de l'Internet. Ils permettent de rabattre l'indéterminabilité du monde Internet sur des usages intégrés et des interfaces commodément disponibles, et nous rendent en retour indisponibles non seulement les protocoles informatiques de plus en plus complexes qui servent à les développer, mais aussi et surtout les protocoles cognitifs et les variations intentionnelles qui y président et donnent tout son sens à l'expérience même de l'Internet. De sorte que non seulement nous ne savons pas, avec l'Internet, *où* nous nous situons, mais nous ne savons pas plus, véritablement, *ce que* nous y faisons. Le va-etvient efficace des flots d'information et la satisfaction que nous en tirons forment ensemble la raison suffisante d'un enfermement de nos conceptions de l'Internet dans le confort d'une minorité intellectuelle instrumentaliste, dogmatique et jouisseuse.

L'intégration progressive des protocoles logiciels ne ressortit effectivement pas simplement à une tentative de simplification, à l'usage du public, des procédures de connexion au Réseau. Au-delà, elle traduit l'exténuation d'une logique inscrite dans la matrice même du projet informatique ayant présidé à l'essor de l'Internet : offrir sur une plate-forme unique un nombre croissant de fonctionnalités tout en les rendant elles-mêmes transparentes et donc indistinguables, invisibles, *impensables*. La puissance créatrice associée aux réseaux semble désormais passer par l'oubli organisé de leur procédures opératoires, par la dépossession des lois de formation, de configuration et de perpétuation de leur architecture fonctionnelle. Naturellement, l'expérience de l'Internet ne peut que reposer sur ce qui en est *déjà* configuré. Non pas cependant à la manière dont la grammaire et la syntaxe s'imposent à l'écrivain comme au poète, mais plutôt à la manière dont le tracé des lignes d'un cahier d'écolier diffère en France de ce qu'il est en Angleterre ou en Italie – à cette nuance près que, *mutatis mutandis*, l'unité de l'Internet imposerait à tous les écoliers du monde d'écrire exclusivement sur des cahiers formatés et imprimés en Nouvelle Zemble !

Techniquement parlant, la question des protocoles touche à celle des *standards*. Officiellement, deux organismes internationaux interviennent principalement dans leur définition : l'*Internet Engineering Task Force* (IETF) et, pour ce qui concerne les noms de domaine et leur syntaxe[1], l'*Internet Corporation for Assigned Names and Numbers* (ICANN). De nombreux organismes publics et privés sont partie prenante de ces processus institutionnels, dans la mesure où s'y déterminent les normes conformément auxquelles certains développements informatiques et logiciels futurs peuvent ou ne peuvent pas être envisagés. Pour s'en tenir à un débat symbolique, la décision de renoncer aux seuls 128 caractères non diacritiques du clavier ASCII[2] permettrait aux utilisateurs grecs, arabes, persans, chinois, coréens ou japonais de composer des URL[3] et par conséquent des requêtes en caractères locaux et non pas exclusivement dans la vernaculaire anglo-saxonne, c'est-à-dire au moyen des seuls caractères latins actuellement utilisables[4]. L'homme de la rue n'envisage pas

---

1. Le « nom de domaine » comprend le mot ou le groupe de mots qui décrit un site hébergé sur un serveur. Il s'agit le plus souvent d'une marque, comme *Google*, ou d'une pratique comme *chasseetpeche*, laquelle peut se décliner diversement en fonction de son suffixe générique (.com, .edu, .org) ou géographique (.fr, .de, .uk). La gestion des noms de domaine concerne la conjonction de ces noms propres ou communs du langage naturel et des numéros IP qui leur sont informatiquement associés.

2. Pour *American Standard Code for Information Interchange*.

3. Pour *Uniform Resource Locator* ou « localisateur uniforme de ressource ». Il s'agit de « l'adresse » écrite en toutes lettres ou parfois en chiffres dans la barre du navigateur prévue à cet effet.

4. À titre de comparaison, la norme Unicode-8 permettrait l'utilisation de 256 caractères et la norme Unicode-16 celle de 65536 caractères différents. Cela suppose une difficile intégration syntaxique de normes nouvelles dans le cœur de protocoles éprouvés et stables. À qui revient-il ou doit-il revenir de décider de leur réforme ? À quel moment la contrainte technique et mathématique doit-elle se commuer en norme sociale, et pour satisfaire quelles aspirations ? La liberté d'expression présente un coût qui n'est manifestement pas seulement technologique.

de telles problématiques techniques et reste peu sensible aux discussions ésotériques auxquelles contraint l'évolution exponentielle des réseaux. Or cette insensibilité ne tient pas seulement à l'ignorance et à cette espèce d'inertie qu'elle induit ordinairement et qui s'échoue dans les torpeurs de l'indifférence consumériste ordinaire. Elle trahit plutôt une certaine familiarité dans laquelle nous ont installés les succès de l'Internet, et le fait qu'un voile d'opacité et de méconnaissance nous oppose désormais aux règles mêmes auxquelles s'ordonne l'expérience que nous en faisons.

Que signifie cette proximité de la réussite et de la confusion? On serait tenté d'y reconnaître les symptômes d'une perte collective de conscience qui, dans l'enthousiasme de ses débauches informationnelles, sombrerait mécaniquement et insensiblement dans les limbes de sa propre déréliction. Maîtrise ajournée de l'infrastructure informationnelle, pouvoir constituant délégué au motif si explicite que les questions techniques sont précisément techniques et par conséquent inintelligibles! Dans l'horizon de la vie contemporaine, saturée de technologies de communication et d'information, l'Internet reproduirait cette cassure à nous-mêmes qu'auraient initiée les Temps Modernes, leur réduction effrénée du réel à une rationalité désenchantée, et cet « étrangement » technique dont nous souffririons consécutivement à ce qu'il est devenu banal d'appeler « l'arraisonnement » de la nature. Réduit par les raisons formelles du langage et de la méthode scientifiques, notre monde nous serait devenu étranger comme, consécutivement, nous-mêmes à nous-mêmes. Et de fait, il n'y a pas de doute que l'Internet puisse être considéré comme une déclinaison informationnelle de l'organisation économique et industrielle du monde moderne et contemporain. Mais il n'y a pas de doute, non plus, que la proximité de nos succès pratiques et de notre confusion intellectuelle puisse avoir une signification plus spécifique et proprement interne aux réseaux et à leur logique.

Comment considérer les *noces* de notre engagement technologique et de notre inconscience ? Non que celle-ci soit la conséquence funeste de celui-là. L'inconscience est vision et sa confusion, en l'occurrence, opératoire. Ensemble, succès et dessaisissement provoquent une oblitération de la sphère technologique en tant qu'elle est arrimée à une infrastructure économique et industrielle lourde. « Oblitération », cela veut dire que les contraintes objectives auxquelles nous sommes assujettis dans notre appropriation des espaces télématiques sont secondarisées, réduites aux triviales importunités du quotidien : rupture de connexion, surexploitation de certaines ressources, procédés commerciaux peu honnêtes – rien d'*essentiel*, en vérité, concernant l'Internet. Mais plus significatif, l'envers de l'oblitération ressortit à la représentation d'une expérience authentique des réseaux et de leurs ressources documentaires, et à l'exploitation d'une liberté infinie de lire, d'écrire, de savoir, et pourquoi pas de jouir.

Car au-delà de ce qui *ne* nous importe *pas* prospèrent les espaces virtuels interconnectés de l'information et des savoirs, des ressources cognitives et de leurs opportunités vitales, pratiques ou intellectuelles. Au point de vue de ses *affordances*, l'Internet est une redoutable fabrique à représentations, textes, images, musique, animations ; mais un dispositif également de publication par les voies diverses de la marchandisation ou du don ; un espace de regroupement et de stockage de l'information ; un procédé d'organisation, de sélection et de transmission des contenus ainsi générés. La numérisation des ressources et leur interconnexion réticulaire n'en sont pas la virtualisation ni un mode d'existence déréalisé par la dissémination numérique. L'ubiquité s'avère au contraire un mode de réitération et de réalisation exponentielles de nos ressources et de nos savoirs, garanties par une organisation syntaxique et algorithmique de l'information qui prime tous ses contenus de sens pour la réexposer sous diverses formes, automatiquement, en conformité avec les commandes télématiques lancées par les usagers du Réseau. Au fil de nos écritures et dans nos mosaïques d'images se forment et se disséminent information et savoirs, qui prospèrent à leur tour selon des logiques de distribution, conservation ou destruction dont la science ni la possession ne sont nôtres, mais dont l'efficace et la puissance générative sont incontestables. Ainsi l'essentiel serait désormais dans l'appartenance à des espaces de sens définis par la pluralité de ramifications logicielles et syntaxiques plus que par des propriétés sémantiques et herméneutiques. Les mots ou les noms sont réduits à leurs propres coordonnées et celles-ci définissent d'abord des manières de les discriminer, quantitativement plutôt que qualitativement, relativement à leur position à l'intérieur de bases de données générées, hébergées et gérées à distance.

L'engagement dans les pratiques réticulaires déterminerait ainsi une nouvelle forme de subjectivité dont la texture ne tiendrait plus à notre relation mondaine aux autres, aux institutions, à l'entreprise et d'une manière générale à la réalité de la « vie », mais plutôt à la richesse et la complexité des connexions induites par notre propre travail de production, de publicisation, de mise en relation et de rassemblement de coordonnées cognitives éparses. En oubliant l'arrimage mondain et concret de l'Internet, nous nous voilons le seuil de discontinuité de nos pratiques intellectuelles traditionnelles et de nos toutes nouvelles pratiques réticulaires.

L'interconnexion de nos outils télématiques paraît cependant nous assurer, en retour, une étroite proximité aux ressources cognitives disponibles et marquer ainsi l'avènement d'une civilisation de l'information partagée, des savoirs distribués, peut-être des progrès congruents d'une humanité enfin rassemblée autour d'elle-même. Traversant potentiellement toutes les frontières territoriales et politiques, le Réseau induirait une lente mais sûre dissolution des disparités cognitives, accroissant par ses effets vertueux la capacité qu'auraient groupes et individus à maîtriser leurs environnements culturel, social, économique, politique, et à se rapproprier d'eux-mêmes et par eux-mêmes leur propre devenir humain.

Le dispositif mondialisé des réseaux nous sert donc, et non seulement cela, mais il s'avère *destiné à* nous servir. L'essentiel du service gît évidemment dans les bénéfices que nous en tirons, quels qu'ils soient : économiques et financiers pour quelques-uns, cognitifs pour beaucoup, incertains pour la plupart. Tout le « monde de la vie », toutes les aspirations, tous les vouloirs s'engouffrent dans les circuits électroniques d'une immense machine à signifier réalisant à des échelles multiples les projets des uns et les contraintes des autres, le profit de beaucoup et la vanité de plus encore. Tout lire, tout entendre, tout dire, peut-être tout faire, l'Internet redéploierait la vie sans les encombrements de la vie, ferait don de tous les savoirs sans la contrainte d'apprendre et de mémoriser, ouvrirait grand les voies de l'information – permettant aux citoyens de scruter avec vigilance les décisions de leurs gouvernements et aux entreprises de contracter les unes avec les autres dans une parfaite transparence commerciale. Le service ferait oublier ce qui rend le service et, dans ses effets, se dissiperait ce qui tient lieu de dispositif technique et industriel.

L'HYPOTHÈSE DU SERVICE

Toucherait-on à une essence de l'Internet, fait de flux et non de câblages, fait d'information et non de routeurs, non de mécanismes électrotechniques, non de hangars, d'informaticiens et de gestionnaires, de collaborateurs et d'ouvriers chargés de veiller au fonctionnement des machines ? Ce qu'est l'Internet s'exposerait-il nécessairement dans les termes d'une alternative matérialiste ou idéaliste ? En vérité le problème d'une ontologie des réseaux – d'une *diktyologie* – est un peu plus complexe qu'une telle alternative. Non parce que l'antinomie et sa terminologie seraient faux, mais bien parce qu'elles sont vraies. L'Internet *est* un système industriel complexe et mondialisé et un outil aux usages indéfiniment variés et variables ; et l'Internet *est* un système cognitif immédiatement disponible, une nébuleuse de ressources de toutes natures dans laquelle sont susceptibles de puiser indéfiniment toutes nos aspirations et tous nos projets individuels et collectifs, privés et professionnels. Seulement quand nous disons que l'Internet est assimilable au dispositif technique dont nous faisons usage, ou bien quand nous disons qu'il est l'ordre syntaxiquement organisé de nos ressources cognitives, économiques, culturelles et politiques, nous ne nous contentons pas de décrire un ensemble plus ou moins vaste et complexe de phénomènes. Au cœur de ces perspectives matérialiste et idéaliste gisent des systèmes axiologiques concurrents, mais dont l'horizon n'en est pas moins commun, puisqu'il s'agit dans chaque cas de penser les réseaux en termes de *bénéfices* : industriels et commerciaux, cognitifs ou relationnels ; ou en termes de *déficits* : humain, culturel, parfois même économique et politique. Les réseaux nous ouvriraient les voies de la prospérité, multiplieraient celles de la connaissance, favoriseraient l'expansion de la démocratie ; à moins qu'ils n'isolent les hommes les uns des autres, qu'ils n'accroissent les inégalités géopolitiques, qu'ils n'accusent la disparité des nantis, informés, et des laissés pour compte de la reconfiguration infocomunicationnelle du monde.

Emblématique d'une profonde reconstruction de notre réalité et par voie de conséquence de visions concurrentes du monde, le plus souvent le Réseau ne se laisse pas dire tel qu'il *est* mais tel qu'il *opère*. Expédient ou obstacle, il est systématiquement intégré au schème technocentré des moyens et des fins, qui permet de très commodément assimiler son être au service en interprétant axiologiquement le service soit en termes d'aliénation, soit en termes de sublimation ou du moins de libération – entre luddisme[1] et acculturation d'une part, humanisme, universalisme et œcuménisme d'autre part.

Dans l'optique d'un bon sens instrumentaliste, l'Internet *est* service. En un paradoxal effet en retour, le système proprement technique des moyens s'en trouve secondarisé au bénéfice de l'espace idéal des fins. Que signifie effectivement « service » sinon une certaine forme de capacitation ? L'anglo-saxon *empowerment* paraîtra du reste moins barbare parce qu'il dénoterait quelque chose au-delà de l'instrumentalité, quelque chose de politique et de foncièrement « humain » – quelle que soit l'opacité des appréciations psycho-sociologiques latentes du vocable. Lorsque nous évaluons l'univers réticulaire, nous ne faisons qu'estimer une augmentation ou une diminution de notre puissance. D'agir ? Mais à quelle théorie de l'action nous rapportons-nous ? Agir, par exemple,

---

1. Terme forgé à partir du nom de Ned Ludd, ouvrier semi-légendaire anglais qui aurait, en 1779, brisé des métiers à tisser en signe de protestation contre les progrès de la mécanisation.

consiste-t-il simplement à augmenter sa puissance écono-mique ? Ou bien à s'assurer d'une augmentation sensible du nombre de lecteurs de son blog, peut-être du nombre des parti-cipants à une manifestation organisée en ligne ? Infléchir les décisions d'un gouvernement ou l'issue d'un vote ?

À moins que l'*empowerment* ne concerne plutôt notre puissance de connaître. Au moyen du téléchargement licite ou illicite, la puissance de savoir qu'entretiennent les réseaux conditionne une culture qui s'affirme principalement « en puissance » : informatisée, « databasifiée »[1] et réticularisée, elle s'identifie aux espaces de stockage et aux ressources logi-cielles servant à les gérer et les exploiter. Savoir est devenu quelque chose dont nous disposons, que nous manipulons, transférons, déplaçons, quantifions. Ce n'est plus ce à quoi nous nous identifions ou en quoi nous serions susceptibles de nous réfléchir et reconnaître. L'essentiel est dans une confiance opaque envers des acteurs, producteurs, usagers, agents interconnectés ; confiance dans leur offre, leur discours, leur multiplicité, leur connectivité – l'essentiel est dans leur dissémination sémantique et dans notre ubiquité.

Les perspectives supposées éclairer la nature de l'Internet se règlent sur une relation instrumentale aux réseaux, qu'elles perpétuent sans véritablement la questionner. L'Internet étant *là-devant*, dans une évidence massivement utilitaire, il se résu-merait à un ensemble de procédés et même à une ambiance technologique susceptibles soit de nous rendre étrangers à nous-mêmes, soit de nous ouvrir l'horizon de notre post-

---

1. Néologisme désormais relativement courant désignant l'organisation des contenus numériques sous forme de base de données.

modernité [1]. « Là-devant » signifie que nous en avons l'usage, que nous *savons* en faire usage, ou bien au rebours que l'usage que nous en faisons nous aliène parce que les conséquences de notre vie réticulaire nous dépassent et nous échappent. Nous croyions savoir et prospérer, nous nous enfermons dans des automatismes indifféremment cognitifs, économiques, politiques, policiers ; nous croyions exister, nous sommes fichés ; nous croyions apprendre, nous nous exposons aveuglément à des produits culturels standardisés, communs, triviaux, qui nous envahissent sans que nous ayons le temps ni la force de nous en détacher. Nous voilà donc englués dans un crassier de mots, d'images, de sons qui asphyxient et insultent notre intelligence. À moins que nous ne soyons riches de tous les dictionnaires les plus spécialisés ? Riches de toutes les informations les plus inaccessibles ? Riches de tous les spectacles du monde et même des cieux ?

En tout état de cause, les conceptions instrumentalistes de l'Internet participent d'une pensée de la *quotidienneté*. Études de cas, descriptions de sites et de pratiques, analyses quantitatives et sondages de *logs* de connexion [2], entretiens et synthèses, enquêtes de terrain et veille en ligne, la méthodologie des sciences de l'information et de la communication ne fait que traduire dans le sabir de l'Académie les usages de

---

1. Sur cette alternative, voir par exemple H. Dreyfus, *On The Internet*, Londres-New York, Routledge, 2001.

2. On nomme ainsi le catalogue des requêtes que les fournisseurs d'accès à l'Internet (FAI) sont requis par la loi de conserver pendant un temps déterminé. L'analyse policière en est possible mais relativement rare, car elle suppose une demande expresse des autorités judiciaires ; l'analyse commerciale en est presque systématique, car elle suppose seulement d'y avoir accès et de disposer des outils informatiques et statistiques nécessaires à leur exploitation.

l'homme ordinaire et ses représentations de la réalité empirique et de la « vie ». Le marécage réflexif du *on dit* exhale ainsi des valeurs éthiques et de vérité que des études savantes intègreront par les moyens de leurs méthodologies à des systèmes catégoriels appropriés. Au point de vue d'une attitude naturellement savante, l'outil informatique, la performance des langages implémentés, l'universalité de son emprise et l'extension de ses applications composent un véritable *écosystème instrumental*. Notre monde est hybride, il est matériel, numérique, interconnecté. Isolés les uns des autres, les outils de nature informatique sont indescriptibles. Ensemble, ils font système et accomplissent les processus d'hybridation technologique auxquels nous soumettons notre monde.

La figure désormais la plus commune de cette universelle connectivité se dessine sous la forme d'un *Internet des objets*. Calculateurs, téléphones mobiles, assistants personnels, les outils traditionnels de connexion au Réseau pourraient à relativement brève échéance être engloutis dans un système de gestion télématique des choses et des êtres, chaque item ou chaque individu étant susceptibles de recevoir une adresse IP et d'« exister » sur le réseau *en tant que tels*[1]. Dans ces conditions, les réseaux ne forment plus véritablement un contexte ou une scène pour un nombre plus ou moins élevé d'activités télématiques. Ils n'augmentent pas simplement nos possibilités de leurs propres *affordances* et n'offrent pas plus de nouveaux espaces substitutifs pour des manières d'être et de

---

1. La condition requise pour cela est que le Réseau dispose d'adresses IP en nombre suffisant. IPv6, la nouvelle version progressivement mise en place de l'*Internet Protocol*, satisferait cette condition et permettrait de passer de 2^{32} à 2^{128} adresses différentes – nombre purement et simplement inimaginable et inassimilable.

faire qui se seraient épuisées dans la « réalité réelle » et trouve-raient dès lors un exutoire dans la « réalité virtuelle ». Le temps d'aimer et le temps de mourir restent dans l'élément de la vie, et toutes les illusions transréalistes dont nous aimerions nous bercer dans la traversée des espaces numériques intercon-nectés ne sont qu'enfantillages ou forment, au mieux, de bons imaginaires filmiques[1]. Mais ce qu'un Internet des objets *pourrait* faire, ce serait de cribler à tel point la vie et ses processus ordinaires que nous perdrions le *sens* du rapport à l'ambiance technologique et réticulaire dans laquelle nous serions plongés. Avec l'illusion que nos machines interconnec-tées sont de simples outils s'installe une profonde méconnais-sance de la *disproportion* qui existe entre nos représentations et l'univers technologique qui les suscite. Dont la probléma-tique n'est précisément pas technologique et ne ressortit pas seulement aux agressions chosiques que l'Homme inflige à la Nature : destructions diverses, pollution, exploitation, éreintement.

LE POSTULAT DE L'IMMERSION

Augmentation de notre connectivité et de notre puissance, influence accrue du Réseau sur les pratiques profession-nelles et privées, organisation réticulaire des recoins les plus intimes de notre existence : tel est le propos de l'instrumen-talisme. Mais ce qu'il décrit reste en vérité incomplètement décrit au point de vue de l'instrumentalisme lui-même. La

---

1. Parmi lesquels : *Tron* de Steven Lisberger (1982); *Brainstorm* de Douglas Trumbull (1984); et *Matrix* d'Andy et Larry Wachowski (1999).

pervasivité [1] des réseaux révèle une confusion non pas triviale mais *constitutive* du réel et du virtuel ou du chosique et du numérique. Leurs frontières sont effectivement devenues incertaines. Les espaces réticulaires sont de véritables prolongements de la « vie » et non pas seulement ses outils, ils forment un milieu immersif et non pas un dispositif instrumental. Dans une inversion paradoxale de leur rapport naturel de réciprocité, le virtuel et le numérique deviennent *ontologiquement* les conditions de possibilité du réel et du chosique, qui ne sont que tels qu'ils s'organisent, et qui ne s'organisent que tels que le leur permet leur substrat infocommunicationnel. Incarcéré dans un étroit maillage technique et saturé d'algorithmes, d'instructions et de commandes, notre monde est strictement solidaire des réseaux informatiques qui en assurent désormais la réalité, l'opérativité, et donc l'historicité.

Le rapport du réel à l'informationnel est exactement inverse de ce que s'y représente l'instrumentalisme. Dans son schème, le milieu informationnel se serait créé dans des interstices de réalité qui le rendaient possible et disponible à un nombre infini d'usagers – ainsi qu'un jour, dans un monde de chevaux et de charretiers, a surgi la locomotive à vapeur qui, à terme, en a fait disparaître le labeur proprement animal. L'Internet serait donc l'analogue informationnel de la machine à vapeur et nous aurait apporté un surcroît de puissance cognitive tout en étendant l'horizon de nos pratiques sociales et culturelles. Comme autrefois machines-outils, automobiles, « plus lourds que l'air ». Seulement l'information n'existe pas dans le monde humain comme la locomotive dans le monde

---

1. Anglicisme désignant le caractère ubiquitaire du Réseau et de ses pratiques induites.

des chevaux. Elle n'y occupe pas une place déterminée et, contrairement aux chemins de fer, ses flux n'existent pas dans le confinement des infrastructures techniques où elle se génère et régénère en mouvements numériques continus. L'information *est* le réel et non pas dans le réel ou devant le réel ou auprès du réel ou consécutivement au réel. « Elle est le réel », cela signifie que l'organisation de la vie dans son ensemble – il faut dire : son organisation chthonienne – est comme perfusée de flux informationnels qui n'en constituent pas de simple outils mais l'architecture et la dynamique effectives. Ces flux et les infrastructures qui rendent possible leur dispersion ne tiennent nullement lieu de moyens disponibles et utilisables, ce ne sont pas des formes outillées déterminées et finies destinées à des usages spécifiés par avance. Il n'y a pas de mode d'emploi des flux informationnels comme il y a un mode d'emploi des charrettes ou des locomotives ; il n'y a pas de normes d'usage de l'Internet comme il y a des protocoles de mise en chauffe des turbines nucléaires.

Les réseaux ne sont pas dans la réalité, c'est la réalité qui sourd au contraire au confluent des réseaux. Pierre, eau, terre, feu, air, chair et vie ne sont que de grossiers épiphénomènes découpés dans un complexe informationnel qui les exsude. « Réalité », en ce sens, dénote l'irréductible enchevêtrement des choses et non seulement des mots qui les décrivent, mais aussi des flux qui les expriment, les disséminent, les perpétuent. Là-devant ne repose plus l'élémentaire, non parce que l'outillage et les techniques humaines ont de longue date réduit la nature à l'usage, mais parce que la frontière de la chose et de son sens est floutée, en même temps que celles du système technique, informatique et communicationnel au sein duquel se dessine sa place et se détermine sa valeur de sens. Que nous soyons traversés d'ondes ne signifie pas que des états divers de la matière coexistent et qu'au travers de nos organes, entre chair et tissus, ondes et corpuscules s'immiscent et nous agressent, nous altèrent, nous irradient. « Traversés d'ondes », cela veut dire que nous sommes indistincts de l'information qui nous situe, nous crible, nous assigne, nous commet, nous enjoint, nous fixe et nous mobilise. Les réseaux ne sont pas pervasifs au seul sens où ils concernent l'ensemble de nos pratiques privées et professionnelles. Ils le sont plutôt dans la mesure où ils qualifient l'*entièreté* de ce que nous sommes, de ce que nous pouvons et de ce que nous faisons : aller et venir, parler et se taire, aimer ou partir, des flux l'exprimeront mieux que nous, après nous, parfois même avant que nous en ayons eu l'idée. Qui suis-je ? Il n'est plus utile, comme en Leibniz, de réparer l'oubli par « le témoignage des autres »[1]. Le Réseau le dira, plus fidèle qu'un souvenir d'enfance, plus exact qu'un huissier de justice. « Pervasivité » ne signifie pas encombrement, envahissement, saturation, mais que nous sommes désormais incapables de nous tenir à distance des réseaux qui nous font et qui, s'ils ne sont pas « là-devant », n'y sont pas pour cette ironique circonstance que *nous* n'en sommes pas extérieurs.

Pour autant, il serait absurde de prétendre que l'Internet n'est pas un système de procédures et de protocoles cognitifs et pratiques. Nous y lisons, écrivons, apprenons, agissons, prospérons – ou nous perdons. Assurément quelque chose comme une dimension irréductiblement instrumentale taraude la compréhension des réseaux et de leur mode d'être. Mais précisément, l'essentiel est dans une certaine modalisation de

---

1. Leibniz, *Nouveaux essais sur l'entendement humain*, II, XXVII, Paris, GF-Flammarion, 1990, p. 184.

la pensée et dans le basculement d'une attitude naturellement savante à une attitude méditative, spéculative, intellective. Dans l'instrumentalisme, on observe comme un déni de la réalité des réseaux.

Les problématiques liées au déploiement des infra-structures techniques ne font pas vraiment droit à la dimension symbolique des réseaux. Ainsi par exemple, la mise au point de techniques d'accentuation des adresses IP peut être étudiée selon des critères de pure fonctionnalité logicielle et sans réfé-rence à la valeur de nécessité de cette implémentation tech-nique rapportée aux contraintes sociales qu'elle exprime. De manière assez analogue, les postulats concernant les *affor-dances* cognitives des réseaux décrivent un monde percolé de savoirs, de vérités, de valeurs dont les soubassements indus-triels sont pris pour de simples truchements techniquement complexes mais axiologiquement neutres et insignifiants.

La question de l'être ou de la nature de l'Internet est en fait irréductible à nos habituelles problématiques techniques et cognitives, surtout si des premières il faut retenir celles des standards et de la gouvernance, et des secondes les *affordances* d'un essaimage communicationnel de l'information. Une approche instrumentaliste du Réseau, c'est-à-dire au fond une approche applicative, est aussi ce par quoi le Réseau se détermine comme une aire de relatif *enfermement* utilitaire, à l'intérieur de laquelle nous serions commis à accomplir des fonctions sans doute passablement variées, mais fondamenta-lement uniformes et univoques : recherches, téléchargements, échanges, etc. Sous couvert de cette approche applicative, le monde Internet ne serait jamais que l'expression, dans son ordre propre, d'une civilisation de l'outillage dans laquelle nous serions aliénés à nos propres usages et absents aux enjeux de nos pratiques. Effet de *dépropriation* spécifique à la struc-

ture de l'utilisabilité, l'expérience de l'Internet serait en continuité avec celle des savoirs, et la modernité technologique
avec une tradition cognitive qu'elle prolongerait sans doute,
non sans conserver cependant la tournure générale de son
intentionnalité culturelle.

Au rebours de l'instrumentalisme et renversant totalement
son angle perspectif, s'impose ainsi désormais une position
qu'on nommera « dysfonctionnaliste ». Adossée à une confusion assumée de la « réalité réelle » hors ligne et de la « réalité
virtuelle » en ligne, elle permettra de penser à nouveaux frais le
statut de l'instrumentalité réticulaire et le Réseau non comme
un monde instrumentalisé mais plutôt comme un *instrument
fait monde*. Parler de l'Internet dans de tels termes, c'est considérer l'instrumentalité sans cette distance objective et pratique
dans laquelle se donne tout instrument dans son service, et
le monde des réseaux non plus dans une transcendance en
surplomb de l'intelligence, mais comme son prolongement et
son être même.

UNE CONCEPTION DYSFONCTIONNALISTE

Tout instrument est simple, le monde est complexe.
« Simple » ne signifie pas que l'usage en est aisé, ni qu'il suffit
de mains pour exercer le métier de chirurgien ou celui de
pianiste. La simplicité de l'outil se situe également moins dans
sa configuration que dans sa réductibilité à des protocoles
d'utilisation, à une simplicité schématique. Il est *à portée de
main*, simplement. Un instrument se manipule et, l'apprentissage serait-il long, exigeant, onéreux, il n'en correspond pas
moins à sa configuration objective et à la nomenclature des
finalités dont il rassemble la visée. Ainsi requiert-il la pure et

pleine mémoire qui vient par exemple animer la main du joueur de luth[1]. Un monde en revanche n'est pas à portée de main, pas plus que ne peut l'être un instrument fait monde. Ce qui n'exclut pas qu'ils participent d'une instrumentalité à laquelle ils ne se réduisent pas, ou mieux dont ils subvertissent le régime ontologique. Supposer du monde qu'il est notre instrument, c'est prétendre y épuiser nos activités ; postuler de l'Internet qu'il est un instrument fait monde, c'est comprendre que nous ne saurions y épuiser nos projets, nos anticipations, nos prévisions, nos pensées et nos actions. Comment cependant penser l'instrumentalité d'un instrument dont l'existence excède la manipulation, ou dont la manipulation excède le schème instrumental auquel on veut l'adosser ? Comment déterminer un instrument qui n'est pas un instrument, une manipulation qui ne se résume pas à une manipulation, quelque chose en somme qui ne s'identifie pas à sa propre choséité ni à son régime d'être ordinaire, l'usage, la manipulation, le technologique ?

L'excès de l'instrument sur lui-même, c'est le *dysfonctionnement*. Dans l'instrumentalité et sa fêlure – la panne, l'inutilisabilité, la résistance – l'indisponibilité paraît l'autre temporaire du disponible et son accident. Révélateur sans doute de la véritable nature de l'outil, le dysfonctionnement n'en serait pas moins l'envers expressif, en négatif, des propriétés de ce dont nous usons[2]. Ainsi le téléviseur neigeux qui rend une famille à elle-même, à sa détresse, sa déréliction, son ignorance de soi. Ainsi également l'urgence d'en

---

1. Voir Descartes, *Lettre à Mersenne du 1ᵉʳ avril 1640*, Ch. Adam et P. Tannery (éds.), t. III, Paris, Vrin, 1974, p. 48.

2. Voir Heidegger, *Être et Temps*, ß 16, trad. fr. Vezin, Paris, Gallimard, 1986, p. 108 *sq.*

découdre avec l'usuel, c'est-à-dire non pas de le penser ni de s'y ressaisir, mais de le réparer et de s'y perdre à nouveau. Admettons donc, pour la commodité et la rapidité de l'argument, que la panne mette au jour ce qui est déjà et d'emblée inscrit dans les choses à portée de main : les habitudes pratiques et naturelles, le confort de la pensée aveugle, insignifiante, absorbée dans son divertissement chosique. Tandis cependant que le dysfonctionnement se donne comme la face obscure du *machin*, ce à quoi nous ne pensons pas tant que nous n'y sommes pas confrontés à notre corps défendant, tandis qu'il surgit dans le fil de l'usage comme son exception et son mode intempestif, *la dysfonctionnalité s'avère le mode d'être fondamental et princeps de l'Internet*. Ou pareillement : si l'Internet est un instrument fait monde, c'est qu'il est fondamentalement un instrument en excès de son instrumentalité. Non par accident mais par nature, il existe structurellement et constitutivement sur le mode du dysfonctionnement. Ce qui, assurément, implique qu'on ne pense plus le dysfonctionnement sur le mode de la panne et de la fêlure mais comme norme et mode d'être naturel. Endommagement, manque ou contrariété font le dysfonctionnement utilitaire ; c'est en revanche l'usage, c'est la disponibilité, ce sont les ressources opératoires de l'Internet qui accomplissent sa dysfonctionnalité comme son mode d'être essentiel.

a) Au plan de l'*usage* – La production multiforme des discours et l'auto-publication privée, professionnelle, sociale ou ludique ont fini par créer un véritable système de *lalophènes* dont les échos se perdent dans l'infini d'une réverbération sémantique universelle. Sous forme d'images ou de vidéo, sous forme graphique ou sonore, l'Internet est sans doute essentiellement texte et intention de signifier. « Signifier » n'en est pas moins un concept difficile à fixer, dans la mesure où il implique d'épouser des schèmes de rationalité relativement partagés autour de pratiques de discussion, d'argumentation, même de conflit. Mais sans doute plus que toute autre, la parole réticulaire est saturée d'affects et d'intérêts dont l'architecture rationnelle reste mal identifiable. Les onomatopées dont on observe des graphies aléatoires dans le champ des sms forment la structure de base de nombre d'échanges publics et privés. Phénomène qu'il n'est pas nécessaire d'appréhender d'un point de vue normatif et dont il suffit d'avoir une approche descriptive : les flux de paroles sont ininterrompus et sans proportion aux raisons susceptibles d'être partagées. On a donc le plus souvent affaire à des mots, des phrases, des discours peut-être, dont la forme n'épouse pas nécessairement les normes du discours croisé, partagé, convenu, entendu. Le statut du discours réticulé n'est pas celui de la parole. S'il en reproduit l'instantanéité, il lui donne également la persistance de l'écrit. Paradoxalement, cette forme d'énonciation ressortit à la dynamique du bavardage oral en accusant de solides propriétés de résilience. Sa concrétude informatique lui donne dans la durée, la réplicabilité et le ressassage, une espèce de sérieux qui contraste absolument avec sa volatilité et peut-être même les intentions fugaces de ses locuteurs. Le message entretient une relation à peu près constante de l'opérateur au nombre indéfini de ses récepteurs et s'avère incommensurable au geste même de la production de son discours.

Le dysfonctionnel, ici, ce n'est pas la rupture mais la redondance, ce n'est pas le silence mais le *bruit*. Par « bruit », il faut entendre une extériorité au message qu'emporte le message lui-même. Non pas un parasitage sémantique ou morphologique – ce ne sont ni la dysorthographie ni la sottise qui sont au centre de l'argument. L'important est dans la nature essentiellement réticulaire du message, dans sa rémanence, sa réplicabilité, sa disséminabilité *effectuées*. L'extériorité, ce sont des traits éminemment communicationnels et qui n'ont pour autant pas d'incidence sur la séquence sémantique proprement dite, mais seulement sur sa persistance et donc son ontologie. Du discours est ici fabriqué qui demeure à titre de *produit* dans une simultanéité de l'ici et du là-bas, du maintenant et d'un quasi toujours, dans une intentionnalité devenue pour ainsi dire sienne et propre, et non plus celle de son auteur, du locuteur, du scripteur. Ce n'est pas que l'Internet soit hors de notre portée mais, à portée de main, les intentions qu'il réalise ne nous sont *stricto sensu* plus appropriables. À plus forte raison quand le Réseau développe le fantasme d'une interactivité universelle et nécessaire. Il est assurément vrai que le Réseau offre des possibilités interlocutoires et scripturales considérables. Mais dans l'écart réitéré de la parole à la parole, le sujet du discours s'inscrit en faux parmi les flux auxquels il contribue et dont il n'est plus à proprement parler le sujet ni l'opérateur véritable. Dans l'usage vient le moment d'une dépropriation de la parole qui, aussitôt produite, est rappropriée et infiniment réitérée par le système lui-même, désormais principal détenteur de sa réalité et de sa vérité.

b) Au plan de la *disponibilité* – Dans nos navigations et nos recherches sur l'Internet, l'information est sans doute là-devant, mais c'est un peu comme un vaste système de signes dans les méandres duquel tous les détours et toutes les voies de traverse sont possibles. Nos protocoles logiques d'investigation peuvent être sérieux et nos compétences relativement assurées, ils n'en coïncident pas moins avec les exigences des machines et leurs architectures autant qu'avec les pistes naturelles de la réflexion et de la recherche. Il faut dès lors entendre que «chercher», sur les réseaux, ce n'est pas exactement

chercher mais *faire calculer*. Par « calculer », on entend que les
mots qui forment la trame d'une recherche valent non
en tant que paroles chargées d'intentions de signification
– comme une question que Socrate poserait à Théétète –
mais en tant qu'unités syntaxiques faisant référence à des
emplacements numériques déterminés au cœur de bases de
données où elles s'articulent selon les contraintes logicielles
permettant de les manipuler et de les compiler. Le calcul
consiste donc dans des liaisons qu'on anticipe de façon assez
molle – sans bien savoir ce qui peut résulter des connexions
syntaxiques établies – et qu'on signifie au moyen de connec-
teurs logiques comme ET et OU, parfois également des signes
arithmétiques PLUS et MOINS. « Chercher » consiste donc à
formuler correctement une équation très simple au moyen de
laquelle *de* l'information est atteinte qui présente un caractère
variable de pertinence pour le chercheur. En d'autres termes,
la représentation proprement sémantique d'une requête est
subordonnée à sa représentation machinique, c'est-à-dire
traduite dans un langage dont on peut sans doute dire qu'il la
rend plus rigoureuse, mais dont il est également possible de
considérer qu'il l'enferme dans un vocabulaire, des rapports
syntaxiques et un schème technique parfaitement hétéronomes
à ses propres visées sémantiques. Nous sommes contraints à
une « caractéristique » qui a ceci d'« universel » qu'elle obéit
aux règles de composition et d'opérativité des machines qui
quadrillent littéralement l'espace opérationnel de nos requêtes.
Même exact, le procédé se résume donc à la fabrication artificielle de compilations de données en elles-mêmes parfaitement dénuées de sens et dont l'organisation est celle des
machines et non de l'esprit, de leurs logiciels et non des
intentions supposées naturelles de l'opérateur.

La disponibilité de l'information passe ainsi par la non-disponibilité des algorithmes de recherche et masque un hiatus entre l'apparente efficacité des outils infotechniques dont nous nous servons et l'étrangeté du dispositif que nous mettons en œuvre dans le succès même de nos recherches. C'est un peu comme si savoir exigeait qu'on ne sût pas pourquoi ni comment l'on sait! L'exactitude même des réponses aux requêtes qu'on lance sur le Réseau renvoie à des systèmes intentionnels, de production de l'information, de vérification de l'information, de mutabilité de l'information, dont le requérant ne peut admettre le bien-fondé que sur le mode de la confiance la plus aveugle. Les algorithmes d'organisation de l'information n'étant pas qualitatifs mais quantitatifs, nous sommes assurés en lançant une requête d'obtenir des réponses adaptées à une fréquence statistique des seuls *mots* que nous employons. La question de la vérité ou même seulement de la pertinence ne se pose pas *en tant que telle*. Seule importe dans ces circonstances la *satisfaction* que nous tirons des résultats de nos recherches, dont on peut bien reconnaître qu'elle ressortit aux savoirs qu'elle mobilise et auxquels elle s'ajuste, mais dont la nature n'en est pas moins d'un autre ordre qu'eux et relative à des logiques intellectuelles extrêmement floues, sans doute également complexes et mal discernables. Peut-être sommes-nous dans un élan anthropomorphique portés à estimer que les machines nous répondent comme des interlocuteurs doués de sens. Il n'en reste pas moins qu'elles nous imposent leurs règles et que celles-ci, assurément conçues par des ingénieurs et des hommes, concernent essentiellement la circulation de la matière électronique dans les circuits intégrés des supports techniques destinés au transfert de l'information. Ce n'est pas une exagération mais un simple constat phénoménologique : la texture de l'information est fondamentalement matérielle, et c'est ce hiatus des représentations de l'esprit aux processus techniques qui doit être interprété comme *dysfonctionnalité*. Laquelle ne désigne pas les ratés de nos techniques informationnelles mais leur succès même, partant la rupture qualitative des besoins sémantiques plus ou moins troubles de la pensée et des mécanismes syntaxiques transparents auxquels ils sont nécessairement adossés. Aurions-nous peu de raisons de nous défier des agents informatiques qui nous transmettent les contenus que nous en attentons, l'autonomie des processus sous-jacents qui nous les rendent disponibles n'en est pas moins avérée. Le dysfonctionnel est dans l'inévidence de ce qui est donné là-devant, qui donc est à la fois *là* et pourtant complètement *absent* à notre intentionnalité, dont il est seulement l'écho technologique – réponse mécanique à une requête dont la possibilité même est absente à celui qui la compose.

c) Au plan des *ressources opératoires* de l'Internet – L'architecture des réseaux et leur structure proprement réti-culaire ne font pas comme telles problème. La dissémination des centres de distribution de l'information – le DNS[1] – et les méthodes logicielles de transmission ou de circulation des datagrammes – le protocole TCP/IP – garantissent une robus-tesse éprouvée du système. La structure de répartition du DNS constitue en elle-même la parade architecturale *a priori* aux pannes susceptibles de survenir en un point quelconque du

---

1. *Domain Name System* désigne le système techniquement distribué de *résolution* des noms de domaine. «Résolution» signifie que les noms sont convertis en adresses numériques, celles des machines destinataires des data-grammes dont il importe d'établir et d'entretenir un annuaire exhaustif. – Pour une description détaillée du DNS, voir http://www.root-servers.org/ (à la date de la publication).

système distribué. Car n'importe quel serveur doit être en mesure de prendre automatiquement le relais d'un serveur défaillant.

Or cette continuité optimale du service télématique n'enveloppe pas seulement le maillage potentiellement universel de nos espaces communicationnels. Elle signale aussi une grande hétérogénéité des procédures informatiques convoquées par les usagers et donc une variété infinie des modes d'écriture du Réseau lui-même, et un principe essentiel de son développement. Univers sémantique, l'Internet ressortit précisément aux manipulations improbables, aux balbutiements tourbillonnaires, à la clameur indistincte soulevée par ses usagers. Et l'édifice en est incertain, quand bien même l'architecture en serait inébranlable. Monde de mots, sans doute, monde de signaux plutôt que de signes, incontestablement.

Non pas de «bruit» cependant, ni de parasitage ou d'altération des flux, car les machines restent capables de traiter l'information qu'elles font transiter d'un point à un autre du cyberespace. Seulement les machines ne traitent précisément que l'information que *nous* générons selon des modalités que nous maîtrisons parfois mais qui le plus souvent nous restent parfaitement obscures. Notre confusion persistante de l'Internet et du *web* n'est que l'épiphénomène de notre représentation et de nos pratiques dysfonctionnelles des réseaux. Constitution et structuration de l'information, databasification de nos publications, rémanence de nos participations et de nos activités réticulaires, à peu près aucune de ces propriétés essentielles de notre être-en-ligne n'apparaît dans l'horizon de conscience de nos pratiques.

Enfoncés dans l'usage, l'usabilité, l'instrumentalité, nous ne les négligeons pas, nous ne les ignorons pas, nous sommes dans l'incapacité même de repérer la position d'inconscience

dans laquelle nous nous trouvons placés face aux *affordances*
de l'Internet. Gopher, Archie, dans une moindre mesure FTP[1]
– autant de dénominations et d'acronymes sous-terrainement
fonctionnels et pourtant hors de notre vision infra-techno-
logique des réseaux. On serait tenté d'objecter qu'on occupe
alors la position de l'automobiliste qui conduit sans s'y
connaître en mécanique. Fallacieuse analogie. Car la connaissance des principes du moteur à explosion n'inspire en rien
celle du code de la route ni l'habileté à manipuler pédales
et levier de vitesse. En revanche naviguer n'est autre chose
qu'écrire, et nous écrivons alors sans la moindre conscience
des procédés d'écriture que nous mettons en œuvre. Il faudrait
donc plutôt dire qu'on est dans la position du calligraphe qui ne
sait trop ce qu'est tenir un crayon, ou de l'orateur ignorant
qu'il ne suffit pas de vocaliser pour convaincre, mais qu'il faut
articuler son propos et le porter vers autrui. Nous façonnons
réticulairement un monde de paroles dont l'organisation et la
persistance nous échappent autant que leur mode d'existence
et de classification, comme si leur être même et leur sens propre
n'étaient plus de notre ressort mais de celui des machines qui
les hébergent et les réorganisent sans cesse. Destinées à sim-
plifier manipulations et usages, les procédures d'intégration
logicielle présentent un évident caractère de complexification

---

1. *File Transfer Protocol* désigne un protocole encore largement usité dans
la transmission et la récupération de fichiers. *Archive Server* ou selon d'autres
A Reliable Computer Human Interaction Environment formait une base de
données thématique et *Gopher* un protocole de classification et de recherche
développé par l'Université du Minnesota dans les années 80 – ainsi nommé à la
suite du « rongeur » qui furète pour dénicher sa nourriture. L'ensemble de ces
protocoles est désormais intégré, sous une forme ou sous une autre, dans les
applications utilisées pour naviguer sur la Toile.

syntaxique, en raison non seulement de l'expansion parfois considérable du code qui les régit, mais également du fait de la délocalisation et de l'autonomie des lieux de conservation de nos dires. Nos carnets de notes ne nous appartiennent plus. Non qu'ils appartiennent à d'autres : ils forment la substance des machines et la matrice du Réseau. Nous n'en sommes pas pour autant dépossédés, nous en sommes dépropriés, parole et écriture réticulaires formant désormais l'horizon d'une véritable *apraxie* technologique : impuissance à maîtriser, crainte de se perdre, dénuement face à l'abîme de la fondrière informationnelle.

Écrire et parler ne sont certes pas des gestes naturels, mais ils ne sont désormais pas non plus des gestes dont nous puissions apprécier les contours ou dominer tout à fait le déploiement. Un drame de la parole a lieu qui va de nous vers un ailleurs, non seulement un autre « lieu » – les machines délocalisées d'un hébergeur par exemple – mais également un autre « être » : dissémination, résilience, redondance. Nous ne *sommes* en ligne qu'à travers l'écriture et une forme ou une autre de création et pourtant, aussitôt créée, notre parole se dissout littéralement dans les contraintes techniques des flux qui l'accaparent et des machines qui la font exister. Elle n'existe donc qu'à travers un ensemble de processus et de protocoles dont nous n'appréhendons ni les règles ni vraiment la logique. Ce qui du reste constitue un aspect capital de ce qu'on appelle la « fracture numérique », qui ne concerne pas tant une disparité des nantis et des démunis, de la littératie et de l'apraxie, mais plus fondamentalement un regard, *notre* regard, qui demeure obstrué par la complexité du phénomène infocommunicationnel. La dysfonctionnalité traverse l'expérience des réseaux parce que l'expérience que nous en faisons est structurellement bancale. Au plan de l'usager ordinaire, perdu dans la variété des protocoles ; mais au plan aussi des architectes et de leur difficulté à traduire les exigences sémantiques d'une parole réticulée dans les contraintes syntaxiques d'un dispositif informatique universellement efficace [1].

Une conception dysfonctionnaliste de l'Internet ne concerne en somme pas exclusivement sa configuration technique, elle concerne plus significativement l'expérience dans laquelle il se constitue. Expérience *phénoménologique* et qui désigne non des manipulations informatiques plus ou moins opportunes, mais la genèse expressive d'un espace partagé de dires entrecroisés, redondants, à la fois évanescents – en manière de lalophènes indistinctement visibles et invisibles – et massivement persistants – sous forme de données préservées sur des supports informatiques multiples et délocalisés. Les réseaux ne sont pas faits de flux, ils *sont* les flux sémantiques dont nos pratiques intellectuelles ou commerciales et sérieuses ou prosaïques produisent sans discontinuer les effets d'ambiance numérique. Presque totalement immergés dans un océan de sens et de non-sens, nous naviguons munis de compas imprécis et d'une carte du monde perpétuellement changeante, qui se compose et se décompose au fur et à mesure que nous y manœuvrons et en sillonnons les horizons chatoyants. Expérience d'orientation et de désorientation simultanées plutôt que successives, dont les succès tiennent moins à notre puissance projective qu'aux hasards ou mieux : à la *sérendipité* [2]. Synthèse du καιρός et de la sagacité qui sait en

---

1. En atteste par exemple l'extrême difficulté à mettre en œuvre un véritable multilinguisme non pas au niveau des interfaces graphiques des usagers, mais à celui de l'architecture même des réseaux.

2. Anglicisme dérivé de *serendipity*, terme forgé au XVIIIe siècle par l'écrivain et homme politique H. Walpole à partir du conte italien des *Trois*

exploiter les ressources, la « sérendipité » s'avère le mode à la fois heureux et indicible de l'intelligence à l'œuvre où, justement, elle rejoint l'inintelligence de ces procédures automatisées qui tiennent lieu de contextes objectifs mais indisponibles à l'immense majorité des chercheurs.

L'EXPÉRIENCE DES SAVOIRS

Il n'est pourtant pas sûr que le recours à la sérendipité soit une explication pleine et entière des modalités réticulaires originales de l'expérience cognitive. Quel qu'y soit le rôle du hasard, la sérendipité constitue une manière de contournement ou de transgression des voies accoutumées de la normativité savante, mais non pas une négation ni une transmutation profonde de ses exigences. À la manière des princes de Sérendip, nous atteindrions par extraordinaire des buts appropriés à nos finalités de recherche, à nos intentions et nos besoins. Sans doute pas en suivant les voies ordinaires de la rationalité heuristique. Mais en dégageant du moins un profit ajusté aux requêtes qui le suscitent. De lien en lien et de savoir en information, la sérendipité enrichirait de ses imprévus un contexte cognitif dont les contours et les finalités ne seraient en eux-mêmes pas remis en question. En quoi elle ne serait pas

---

Princes de Sérendip (ancien nom persan du Sri Lanka) dont les aventures ne sont qu'une succession d'heureuses découvertes dues à la conjonction du hasard et de leur sagacité. Souvent employé dans des contextes para-scientifiques pour mettre un nom sur ce qu'on ne sait trop formaliser, le terme est progressivement approprié par le monde académique dans un effort de penser une coïncidence du hasard et de l'efficacité cognitive.

pure et simple contingence, mais coïncidence et opportunité, c'est-à-dire une marque alternative de la nécessité.

L'exploitation des ressources spécifiques de l'Internet pourrait cependant participer d'une autre logique. Pris dans le carcan de multiples rationalités sociales, nous pourrions être tentés de considérer que les pratiques réticulaires ne sont qu'une réplique à peu près « virtuelle » de la « vie » et, par exemple, de ses activités heuristiques. Ce serait cependant omettre de considérer les *affordances* de l'Internet. *Stricto sensu*, l'hypothèse de la fluidité – qui nourrit celle de la sérendipité, des navigations spontanées et de leurs heureuses découvertes – interdit de réduire l'expérience de la réticularité aux seules contraintes utilitaires d'une vie séquentialisée par ses exigences propres, de quelque nature soient-elles. « Naviguer » n'est pas se laisser porter par les vents noématiques de l'intention de signification ! D'un point à un autre du réseau, l'on n'occupe jamais la position du spectateur passif d'un théâtre du sens. On laisse plutôt les traces numériques de ses pérégrinations, le plus souvent inconscientes et invisibles, toute requête étant enregistrée par le fournisseur public ou privé d'un accès au Réseau. Parfois également visibles et conscientes, comme en atteste l'usage de plus en plus fréquent des *tags* ou « balises » qui permettent de qualifier, décrire, ordonner ses sites préférés. La classification sémantique dont les espaces ouverts de l'Internet font l'objet présente la dimension paradoxale d'un espace de sens ordonné selon un double principe d'aléatoirité *et* de contre-aléatoirité. Le hasard n'est pas le seul ressort de sa réorganisation permanente, c'est l'autre d'un ordre qui s'institue en continu et de manière régulièrement stochastique.

Ce point est important. Parler de « classification sémantique », c'est penser à ce qu'on appelle désormais le

« *web 2.0* ». L'Internet est alors considéré non comme espace de publication et de conservation de documents hétéroclites infiniment nombreux, mais comme principe de réorganisation permanente de ses propres contenus. Parmi les principaux instruments de cet Internet dit « de nouvelle génération », du reste appelé à des développements dont on ne peut guère anticiper les ramifications, les techniques de balisage et d'organisation des balises sont essentielles. Elles consistent principalement à décrire les documents consultés par des mots-clés et à faire procéder à leur classement automatique ou statistique. En fonction d'une proximité *sémantique*, si l'on privilégie le point de vue de l'acteur, ou *syntaxique*, si l'on tient compte des processus algorithmiques mis en œuvre par les machines. On donne ainsi sens non seulement à chaque document balisé mais aussi à leur ensemble *comme ensemble*. L'essaim informationnel ainsi produit forme une sorte de méta-document dont les contours sont mobiles et résultent indifféremment de la convergence ou divergence des marqueurs de sens employés par les usagers, lecteurs et praticiens de l'Internet. De même que toute page sera faite de données visibles et de méta-données invisibles[1], de même tout document pourra être appréhendé isolément et en lui-même aussi bien qu'au titre de la partie d'un tout dont il est un élément plus ou moins remarquable : l'essaim auquel il appartient, et mieux encore *les* essaims qui l'agrègent et lui donnent une place, si ténue soit-elle, dans

---

1. En simplifiant un peu, on considèrera comme « données » sur une page *web* l'ensemble des caractères visibles (texte et annexes) et comme « méta-données » les descriptions incluses dans le code source de la page, qui servent d'une part à la faire reconnaître et interpréter par le navigateur, et d'autre part à la faire reconnaître et classer par les moteurs de recherche.

l'ensemble des connexions qu'ils réalisent, entretiennent et transforment en permanence par eux-mêmes.

Le balisage documentaire ne présente pour autant aucune garantie de rationalité, de pertinence, de vérité. L'intérêt majeur du *web* dit « sémantique » est de permettre la consti-tution d'essaims documentaires sous couvert du marquage des « objets de sens » consultés[1]. Le vocable « philosophie » pourra servir à baliser les pages dédiées à cette discipline, « art » celles traitant de peinture ou de musique, « loisirs » celles consacrées à la copocléphilie ou à la pêche à la licorne. Rien n'interdit pourtant qu'un usager, par ignorance, convic-tion ou malice, entende baliser comme « art » les pages consa-crées à Merleau-Ponty, « philosophie » celles que les sectes para-religieuses font élaborer à leurs factotums, et « loisirs » les bases de données consacrées au génome humain. La coïncidence des marques et de leur objet reste absolument libre et sa pertinence est tout au plus statistique, non point réelle ni en aucune façon garantie. Autrement dit, l'organisa-tion des « objets de sens » sur l'Internet n'a pas objectivement de sens, ou à tout le moins n'a de sens que par la convergence statistique des attributs terminologiques associés par les usagers aux mots et aux objets qu'ils décrivent. Sens issu de calculs et calculs effectués par des machines. La question du vrai et du faux n'est plus celle du jugement ni de notre « rela-tion de société » à Dieu – c'est plutôt celle du lissage logiciel et de la continuité des approvisionnements énergétiques !

1. Par « objet de sens », on désignera toute production publiée à petite ou grande échelle sur le Réseau. On suppose ainsi qu'une telle production a une existence *objective*, puisqu'elle occupe un espace disque, et qu'elle a du *sens*, puisqu'elle traduit une forme ou une autre d'intentionnalité.

Ce qui emporte au moins deux conséquences.

Pour la première, elle concerne les *effets de sens* du marquage sémantique. En supposant une disparité raisonnable dans l'interprétation que les usagers ont des mots, les descriptions résultant de leurs pratiques n'ont que le caractère de qualifications coïncidentes, croisées et donc relativement stochastiques[1]. L'on pourrait en conclure que les réseaux nous paralysent dans les mailles d'un arbitraire de non-sens. Ou bien au contraire qu'ils créent des connexions inattendues et qu'elles sont en elles-mêmes signifiantes et fécondes, soit que nous expérimentions des connexions que nous n'aurions pas su anticiper, soit que nous provoquions à notre tour, par le balisage des espaces que nous parcourons, des modifications, même insensibles, dans l'organisation des essaims auxquels nous nous agglutinons. Lecture et écriture forment en tout état de cause ensemble la dimension sémantique de nos pratiques réticulaires et contribuent à une description sans doute arbitraire des lieux que nous visitons, mais non pas pour autant dénuée de sens ni aberrante.

La deuxième conséquence en effet de la reclassification sémantique permanente des « objets de sens » sur les réseaux consiste dans une exacte congruence de processus aléatoires et contre-aléatoires[2]. Le balisage sémantique présente une dimension incontestablement aléatoire, dont la dimension

1. « Del.icio.us » est un site agrégateur de liens. Une exploration avec le vocable *whale* (baleine) renvoie d'une part à de nombreuses pages consacrées au cétacé, mais d'autre part au site « whale.to » consacré à des thématiques liées à l'instruction et aux savoirs, et par exemple à Wilhelm Reich (à la date de la publication).

2. *Cf.* D. Parrochia, « La Rationalité réticulaire », dans *Penser les réseaux*, Seyssel, Champ Vallon, 2001, p. 7 *sq.*

stochastique n'est cependant pas l'autre de la dimension rationnelle mais une certaine modalisation de logiques éparses et d'intentionnalités concurrentes. Quelles qu'elles soient, *il y a* des finalités aux classifications que produisent les usagers de l'Internet, qui en sont précisément les producteurs ou les scripteurs. Nous écrivons en permanence les réseaux, qui ne sont pas un cyberespace mais un livre ouvert inachevé et un palimpseste. L'entrelacs de l'aléatoire et du contre-aléatoire signifie que nos pratiques ne corrigent rien, erreurs ou imprécisions, mais qu'elles réordonnent sans cesse, c'est-à-dire créent des ordres parfois concurrents, parfois congruents, toujours contemporains et toujours mobiles et volatils.

En quoi d'ailleurs la métaphore de la navigation présente derechef un caractère d'approximation, puisque s'il faut comme dans un navire ou une aéronef ajuster *en permanence* son cap – c'est-à-dire en l'occurrence réévaluer le sens de ses lectures – les connexions provoquées sont les marques écrites mais également évanescentes des sentiers creusés par des usages singuliers. Propres en effet, mais dont on est déproprié aussitôt leur réalité attestée par les traces informatiques laissées après soi. Les machines et leurs algorithmes prennent immédiatement la relève de nos usages et les calculent de manière à ordonner ou réordonner les contenus mis en réseau, dont l'organisation est au moins partiellement l'effet et non le ressort de nos pratiques réticulaires. Lesquelles façonnent en tant que telles la topographie du Réseau, dont la partition et les frontières se reconfigurent sans cesse au gré des opérations télématiques dont nous sommes les initiateurs.

Pouvant tout autant concerner le visionnage d'une séquence vidéo que le téléchargement d'un fichier hébergé par un serveur distant, nos pratiques réticulaires ne témoignent pas simplement d'une consommation passive de produits mis en réseau. En effectuant des requêtes et en accomplissant toute la série des gestes télématiques dont nous sommes capables, nous *qualifions* l'Internet, le décrivons, l'organisons – en laissant par exemple des traces de fréquentation et en infléchissant ainsi l'organisation des interfaces graphiques, le calibrage des offres de service, etc. C'est en quoi l'aléatoire et le contre-aléatoire se combinent. Par hasard ou par désir, au motif d'un besoin ou d'une exigence, cliquer sur un lien consiste à écrire, laisser des traces, livrer des informations, nourrir des analyses statistiques ou comportementales, psychologiques et sociologiques, enfin commanditer un nouvel ajustement des « objets de sens » à eux-mêmes et des offres de service au plus grand nombre possible d'usagers.

Le phénomène est presque systématiquement insensible. Pourtant il n'est pas de geste réticulaire qui ne consiste en un procédé – infinitésimal – de création sémantique. Non que nous soyons tous au sens propre écrivains ou μουσικοί. Mais nos gestes ont pour ainsi dire une matérialité esthétique dans la mesure où ils altèrent imperceptiblement la réalité des objets qu'ils visent et qu'ils atteignent. Cela ne se joue du reste pas sur le plan de l'explicite, c'est-à-dire par exemple des *blogs* auxquels on participe ou des sites qu'on veut bien commenter. Une création implicite et qui ne requiert pas beaucoup de créativité produit d'elle-même ses effets par l'accumulation infinie de nuances infinitésimales de sens. Nous marquons les réseaux de notre présence, structurellement plutôt que consciemment. La conscience même que nous avons d'en baliser de très étroits territoires est excédée par les effets que produisent nos balises elles-mêmes, dont le traitement algorithmique est automatisé et ne concerne plus guère nos intentions ni la compréhension que nous avons de nos propres gestes.

C'est pourquoi nous produisons comme des singularités de sens. La communication universelle et réticularisée de nos activités sémantiques est productrice de convergences et d'amalgames ponctuels, non seulement au sens où ils sont éphémères, mais aussi dans la mesure où ils forment comme des points sémantiques, des concentrations conceptuelles sans ampleur véritable ni le plus souvent écho dans le cyberespace. Des œuvres prennent de la sorte naissance dont l'auteur, partagé entre les machines et leurs logiciels, les outils informatiques employés et ses propres talents, s'efface au bénéfice des processus qui les accomplissent. On pourrait à cet égard croire que les supports informatiques n'importent pas, puisqu'une même œuvre surgit à l'identique sur n'importe quel écran, à n'importe moment et à la seule condition d'une requête télématique appropriée, épousant dès lors n'importe quel support, n'importe quel écran et un éventail relativement large de programmes informatiques. Mais sous l'effet des dynamiques logicielles qu'elle engendre, l'expérience de la navigation réticulaire est une expérience de la singularisation des « objets de sens ». Circuler parmi les flux du cyberespace consiste principalement à *opérer* des requêtes en composant le plus souvent à la volée les pages consultées ou en créant des liaisons temporaires de machine à machine. Quelque chose a lieu, dans ces conditions, qui ne préexistait pas aux requêtes qui l'actualisent et littéralement le *réalisent*. L'Internet est la conséquence de telles opérations et le résultat métastable de la créativité et de l'opérativité qu'il mobilise. Du même coup, cependant, les œuvres qui composent le Réseau sont autant de singularités marquant une présence, l'actualité d'une requête qui n'est elle-même que la figure actuelle d'un tissu intentionnel indéfini. « Objet de sens » ne désigne ainsi pas une réalité toute faite mais une rencontre – celle d'une intention réalisée informatiquement et d'instructions mêlées, distantes, fluides, se cristallisant dans la venue d'espaces information-nels délimités par un écran. Singularité destinée à disparaître aussitôt la connexion interrompue, l'application quittée ou de nouvelles requêtes lancées sur les réseaux.

TRACED IN TRANSLATION

L'Internet est monde. Non pas de choses, de machines, d'instruments, mais de significations. Ni statique, ni encyclo-pédique, cependant. L'on n'a pas affaire à une masse de données dans laquelle on pourrait puiser au besoin, l'on a affaire à une nébulosité indistincte d'« objets de sens » entre-lacés dans des myriades de chaînes communicationnelles fragiles, ténues, volatiles. La réalité que désigne le système des réseaux n'est pas constituée, elle est plutôt émergente et respire au rythme d'un vouloir-dire qui s'exténue dans les abîmes numériques dont nous sommes les auteurs relative-ment apraxiques. Tissé des transferts informationnels qu'il met en œuvre, l'Internet est un processus infini d'écriture transitoire et transitive, médiateur temporaire d'intentionna-lités hétéronomes et simultanément moteur d'agrégations sémantiques indéfinies. Matrice réticulée du théâtre de nos représentations savantes ou profanes, éthiques ou ludiques, il se compose essentiellement de significations prises dans des flux et dont les limites aussi bien sémantiques que territoriales sont proprement indiscernables. Il n'est définitivement plus de réponse à l'absurde question de savoir « d'où l'on parle ». Mais il n'y a surtout plus de continuité du sens que nous entendons produire au sens que nous produisons en effet.

L'idée que nous parlons toujours au-delà de nous-mêmes et que nos écrits peuvent nous trahir autant que nous exprimer n'est pas neuve. Mais cet « étrangement » du vouloir-dire est désormais le fait hybride non des hommes dans leur multiplicité, mais des machines et des hommes enserrés dans les processus aveugles de leur propre créativité sémantique. Nous égrenons en nombre infini des paquets informationnels dont les translations et les espaces d'agrégation constituent, eux, la seule réalité à laquelle ils puissent être assimilés. L'être de notre existence réticulaire gît dans ces automatismes et ces automates qui fabriquent eux-mêmes du sens à partir des intentions de sens que nous (leur) manifestons technologiquement. Le monde Internet n'est pour autant pas plus virtuel qu'il ne se réduit au complexe industriel et marchand qui le structure. Tout à son équivocité, c'est un monde dont la réalité et la temporalité sont celles des infinis processus d'*hybridation* par lesquels nous existons désormais numériquement et réticulairement dans notre parole et nos espaces discursifs et symboliques.

Trois conséquences majeures en découlent.

a) Les machines par le truchement desquelles nous nous connectons aux réseaux sont pour nos pensées et la forme discursive qu'elles épousent de véritables interfaces technologiques. Plus, l'Internet n'est pas le lieu de leur publication mais le mouvement de leur connexion à d'infinies possibilités discursives dont certaines, rares, s'accomplissent, et d'autres, les plus nombreuses, demeurent de simples possibles numériquement confinés dans les interstices physiques des disques et des réseaux. Nous ne pouvons dès lors prétendre à aucune autonomie de nos pensées et de leur mode d'existence. Dans leurs limbes tout à la fois machiniques et intentionnels, nos pensées acquièrent une texture dont le moirage tient aux automates et aux algorithmes qui les pilotent. L'Internet est parole, et pour être parole, il est écriture. Mais pour être écriture, il n'en est pas moins automatismes, paquets, transmissions aveugles, agrégations aléatoires, surdétermination syntaxique d'indéterminations sémantiques. Nous écrivons et nos discours nous installent dans des machines et des processus auxquels nous demeurons étrangers. L'ensemble élastique des programmes applicatifs qui les réalisent inscrit notre vouloir-dire dans une logique de la trace et de l'impact. De la trace informatique, dont le traitement algorithmique est du ressort des robots et des formations institutionnelles ou commerciales qui en disposent[1]. De son impact également, infinitésimal et pourtant réel, pour autant que chaque lalophène participe à la formation du bruit sémantique dont l'Internet est la mouvante totalité. Non pas sourdement. Chaque « petite conception » se compose avec mille autres pour former des touts syntaxiquement repérables et donner ainsi lieu aux classifications, ordonnancements, organisations dont les moteurs de recherche sont les principaux outils de sondage. Sur les réseaux, écrire et parler consistent à laisser des traces et creuser des sentiers virtuellement interconnectés. Quant au Réseau, il *est* ces traces, il *est* leur interconnexion, il *est* dans les effets automatiques de sens qu'elles provoquent et disséminent au gré de nos requêtes et de nos attentes.

b) Les interconnexions syntaxiques dont l'Internet est le phénomène technologique global ne sont pas sans effets sémantiques. Sous forme de bruits ou de rumeurs, d'informations ou de savoirs, l'entrelacs des sites, des pages, des blogs

1. Pour une étude approfondie de la problématique de la trace, voir L. Merzeau et M. Arnaud (dir.), *Traçabilité et réseaux*, revue *Hermès*, n° 53, Paris, CNRS Éditions, 2009.

compose un système de signes auquel participent nos plus ano-
dines activités réticulaires. Le travail *des* et *dans* les réseaux ne
se pense dès lors pas en termes normatifs traditionnels. Nos
pratiques réticulaires ne s'ordonnent pas simplement aux
principes du discours, le bien et le mal de l'éthique, le vrai et
le faux de la connaissance. Dans le tourbillon d'actions et de
rétroactions sémantiques qu'entretiennent nos dires, il n'y a
véritablement de règles que celles de l'appropriation des
machines informatiques et des réseaux. S'inscrire dans des
flux, tracer des sentiers qui se creusent plus nettement que
d'autres ou les traversent et les connectent, quels que soient
les registres du discours, telles sont les pratiques normatives
spécifiques aux réseaux et à leurs *affordances*. Le modèle n'en
est pas celui de la pensée en son dialogue intérieur, ni celui de
l'écriture en sa patine, ses reprises, sa lenteur et sa difficulté.
Hachures, boutures, liens et greffons, tels sont les tropes de la
rhétorique réticulaire dont le principe directeur et régulateur
est défini par les techniques du *hacking* [1].

Le monde Internet est constitué de rets sémantiques dont
chaque fil est tissé et croisé de manière tout uniment aléatoire
et contre-aléatoire. Dans l'indéfinie conjonction de l'ordre et
du désordre, l'action de « hacker » ne consiste pas à provoquer
des ruptures mais à tisser du sens. *Hack* fait de *hacks*, le Réseau

---

1. *To hack*, en anglais, c'est « entailler » ou « couper », comme dans
l'élagage. On retrouve la racine *hac-* du vieil anglais *haccian* dans le français
« hache ». Le *hacking* est abusivement interprété comme une pratique de « pira-
tage » et en cela confondu avec le *cracking*. Il concerne en réalité les techniques
d'amélioration ou de réparation appliquées aux logiciels dont on cherche à
modifier les propriétés opératoires. À la lettre, le *hacker* est un « bidouilleur »
et un « créatif ». – Voir McKenzie Wark, *Un Manifeste hacker*, Paris,
Criticalsecret, 2006.

doit être conçu comme un vaste système opératoire issu d'ordonnancements, désordonnancements et réordonnancements discursifs permanents. Appropriation, interprétation, transformation, remédiation, en un mot : *innovation*. Les dynamiques intellectuelles ainsi mobilisées expriment toutes le dépassement et, sinon la transgression, du moins la recréation indéfinie de conjonctions sémantiques préalables. L'originalité fondamentale et la crête de notre expérience réticulaire se situent dans une *continuité* de la réception et de l'émission des « objets de sens » que nous produisons. Autant de formations signifiantes supposant de la lecture et de l'écriture, un investissement intellectuel et des conceptions qui exhalent un sens plus ou moins intelligible, transmissible et commun. Dire, en somme, sur les réseaux, c'est signifier, agréger et contribuer à une clameur dont les séquences s'entrelacent en des flux très inégalement perceptibles.

c) La matrice informationnelle à laquelle nous attache notre expérience réticulaire représente un vaste système de *significations en translation*. En ce sens, la métaphore usuelle du cyberespace est sans doute inappropriée. Les frontières d'un espace sont elles-mêmes spatiales : rivières et montagnes, bosquets, talus, barrières et routes. Sur le théâtre du sens, elles sont sémantiques et herméneutiques. Ce qui n'implique pas qu'elles consistent à séparer les lieux du sens de ceux du non-sens. Il règne sur les réseaux une égalité syntaxique des « objets de sens » en vertu de laquelle tous nos lalophènes coexistent en des rapports dont rien ne garantit la pertinence ni la stabilité, sinon probablement l'usage ainsi que la lourdeur des investissements technologiques – donc économiques – destinés à en assurer l'audibilité ou la lisibilité. L'essentiel n'est donc ici ni du côté des territoires ni de celui de la logique et de la sémantique. L'essentiel est du côté de la circulation, c'est-à-dire des flux et de leurs croisements, des dires, des traces et de leur rencontre : du coté de la *temporalité* régissant notre expérience des réseaux. S'il est vrai que l'Internet est monde et ce monde tracé par les techniques d'écriture que nous mobilisons à son effet, son relief et ses océans, ses territoires et ses enclos se dessinent au gré des *inputs* et des *outputs* dont non seulement nous, mais également les machines nous servant d'interfaces sémantiques, sommes les scripteurs et les performateurs. Se restructurant sans cesse, l'Internet est effet de paroles et d'écritures, une sorte de syndrome viral de connexions syntaxiques dont on résumerait aisément toute la réalité par un retentissant : « Ça écrit ! ».

Sans méconnaître que le nombre des espaces de sens et de pertinence est indéfini, il importe de déconnecter, au sujet des réseaux, le postulat global d'une intention effective de signifier et la réalité protéiforme de la composition en même temps que décomposition des chaînes syntaxiques constituant leur trame même. L'Internet n'est pas fait de textes et d'images qu'on tenterait de mettre *a posteriori* en relation, il consiste en des connexions infinies qui créent des lieux instantanés de sens et par conséquent, précisément, une hypertextualité née de ces rencontres et de leur temporalité propre. Mouvement infini d'écritures congruentes – *diktyologie* faite *datagrammatologie* – la transmission n'est pas le moyen technologique d'atteindre des significations possibles, elle dénote au rebours en elle-même le tout de la signification accomplie dans sa clarté comme dans sa confusion. Les réseaux existent comme le temps de nos échanges, pure actualité de requêtes satisfaites ou d'attentes déçues et asphyxiées d'informations. Temps de lui-même, l'Internet n'est en son fond que son propre présent, fulgurance syntaxiquement robuste dont les scripteurs garantissent opératoirement la création continuée. Paradoxe singulier d'un monde qui n'est rien que son instantanéité et dont l'instantanéité est actuellement féconde de toutes les intentionnalités qui s'y croisent et s'y rencontrent. Qui incarnent également les attentes de la « vie » qui les traverse et qu'elles prolongent. Là-devant, croyons-nous, respirent tous les savoirs. Dans nos gestes, dans notre écriture, dans notre appropriation difficultueuse des machines et de leurs langages réside en vérité l'essentiel des réseaux. Ils forment le temps du sens, que rien ne fixe sinon l'abstraction de la fenêtre informatique sur laquelle se fige le regard, oublieux de ses propres conditions et de sa dette à ce qui n'est pas lui : industries, protocoles, gouvernance, politiques publiques et entrepreneuriales. Le sens cristallise ou se dissipe selon le rythme des flux que nous suscitons. Et non pas nous seuls, mais les automates par devers nous. Toute la réalité du Réseau résultant des relations établies entre « objets de sens », le monde qui s'y élabore est hybride, fait de vouloirs et d'intentions d'une part, d'automatismes applicatifs de l'autre. Mieux : le vouloir y est commué en fonctions logicielles, et celles-ci expressives de vouloirs diffus et de savoirs aveugles à eux-mêmes.

*

L'Internet est un phénomène total. Genèse informationnelle permanente, syntaxiquement organisée et sémantiquement orientée, il traverse toutes les strates de la « vie » et les réordonne en une réalité parfaitement hybride. L'expansion numérique exprime des demandes qui la conditionnent en retour. La puissance inventive que renferment à cet égard les réseaux ne tient que partiellement et secondairement à celle des machines, des processeurs, ou au dimensionnement du *backbone*[1]. L'essentiel est plutôt du côté des nœuds du Réseau, de leur démultiplication et de leurs interconnexions. Lesquelles ne se développent pas additivement mais en d'infinies focalisations temporaires, comme si non pas les textes et les images, non pas les « objets de sens » mais leurs supports subissaient des mutations permanentes et des reconfigurations syntaxiques d'abord et sémantiques ensuite.

Mouvement infini, variation infinie, la temporalité du monde Internet est celle de formations noétiques radicalement réfractaires à toute fixation. Le côtoiement du sens et du non-sens, du savant et du trivial, du sérieux et de l'inconsistant fait bruit, redondance, approximation, platitude même, et la forme principale de notre vouloir-dire réticulaire. Ce qui n'implique ni lassitude ni désenchantement. La certitude plutôt que ce sont les *écarts à la pensée* qui provoquent, impromptu, d'inattendues coïncidences et des concrétions intellectuelles potentiellement majeures. Des connexions syntaxiques aux ajointements sémantiques, une expérience inachevée de l'Internet ne cesse de se déployer dans l'engendrement du monde même qui la nécessite. Structurellement incomplète et dysfonctionnelle, elle s'écrit mais ne se peut élucider. Dans une ambiance de sens et de non-sens, d'éléments textuels épars, ou bien iconographiques et sonores, elle hésite entre le dire et la trace, aspirant à l'épuisement d'une attente comblée ou perdue – geste démiurgique aveugle à lui-même et insaisissable dans son immanence.

---

1. « Épine dorsale ». Métaphore anatomique désignant le circuit principal ou réseau fédérateur de l'Internet.

TEXTES ET COMMENTAIRES

PROLOGUE

Ni l'un ni l'autre des deux textes proposés dans la suite de cet ouvrage n'est au sens littéral du mot un texte « philosophique ». Le premier, de l'ingénieur et conseiller politique américain Vannevar Bush[1], oscille entre le descriptif technique et l'anticipation futuriste – il est en vérité l'un et l'autre, puisqu'il décrit en 1945 un outil de travail dont on ne développera industriellement les spécifications qu'un demi-siècle plus tard. Le second, du romancier anglais Jonathan Swift, reprend un très court extrait des *Voyages de Gulliver* et pourrait passer pour la libre fantaisie d'une âme stochastique et baroque.

L'un et l'autre sont cependant féconds d'analyses concernant nos techniques d'écriture, la mise à disposition de documents, le traitement archival ou les connexions que nous

---

1. Né en 1890 et mort en 1974, Vannevar Bush a reçu une formation d'ingénieur et de physicien. Également préoccupé du métier et de la vocation du savant, il crée en 1940, avec l'appui du Président Roosevelt, le *National Defense Research Committee* et organise à sa tête la contribution de la recherche scientifique à l'effort de guerre américain. À partir des années 50, il paraît se consacrer principalement au développement, au moins théorique, du dispositif dénommé *memex*.

établissons entre des fichiers congruents ou non. Il y va donc globalement de la concaténation des «objets de sens» que nous élaborons et *fabriquons*. Car Bush aussi bien que Swift décrivent le phénomène de l'expression et de sa publicisation, qui s'apparente à l'acte de signifier, de créer des espaces représentationnels pertinents, ajustables, assimilables, et qui fait en somme tout bonnement miroiter la pensée en son œuvre. Pensée assistée par la machine, il est vrai, aliénée par elle, contrainte ou modélisée par elle, sublimée par elle.

Faut-il poser une question à ces textes? Ce serait: «Qu'est-ce donc que ne pas pouvoir penser sans machine?». Paradoxalement, c'est par une incursion inopinée dans le XVIIIe siècle anglais que nous parviendrons à thématiser de manière suffisamment ample cette question que le XXIe siècle redécouvre dans de vieux cartons à dessin archivés – et un peu négligés – depuis la Deuxième Guerre Mondiale.

TEXTE 1

Vannevar Bush
L'avenir de la pensée [*] [1]

Notre incapacité à tirer parti de l'information archivée résulte largement du caractère artefactuel de nos systèmes d'indexation. Quand des données sont stockées – qu'elle qu'en soit la nature – elles sont archivées selon un ordre soit alphabétique, soit numérique, et l'information est recouvrée (quand elle l'est) en en suivant les indices [alphanumériques] de sous-classe en sous-classe. Or l'information ne peut résider

---

[*] V. Bush, « As We May Think », *The Atlantic Monthly*, vol. 146, n° 1, juillet 1945, traduction originale P. Mathias; édition critique dans J.M. Nyce et P. Kahn (eds.), *From Memex to Hypertext: Vannevar Bush and the Mind's Machine*, Boston, Academic Press, 1991.

[1]. *Dans les premiers paragraphes de son essai, Vannevar Bush constate un déséquilibre considérable entre les ressources informationnelles disponibles et les capacités techniques et intellectuelles de les exploiter. Accentué par la diversification des outils de production de l'information – écrite, sonore, iconographique – ce déséquilibre ne pourrait se résorber qu'à la faveur d'un dispositif de sélection automatique et intelligente des ressources documentaires : le* memex.

qu'en un seul endroit, à moins que des duplicatas n'en aient été réalisés. On doit par conséquent disposer de règles permettant de retrouver le chemin d'accès à leur localisation. Il s'avère qu'à ce jour ces règles sont encore rudimentaires. De surcroît, quand on a complété une recherche avec succès, on est contraint à l'heure actuelle de s'extraire du système pour y pénétrer ensuite à nouveau par d'autres voies d'accès.

L'esprit humain ne fonctionne pas comme cela. Il procède par association. Dès lors qu'il saisit un élément d'information, il y associe instantanément quelque autre que lui suggère la tournure de ses pensées, par un effet d'harmonie avec cette toile finement nattée de sentiers que tissent les cellules du cerveau. L'esprit possède évidemment d'autres caractéristiques ; des sentiers qui ne sont pas souvent empruntés sont susceptibles de s'estomper, l'information ne s'y conserve pas de manière tout à fait permanente, toute mémoire est transitoire. Cependant la vélocité de son activité, l'intrication de ses sentiers, le détail de ses images mentales, tout cela est digne d'une admiration bien au-delà de toutes autres choses dans la nature.

L'humanité ne peut pas vraiment espérer dupliquer par artifice ses processus mentaux, mais elle devrait pouvoir s'instruire à leur aune. Elle devrait même marginalement se perfectionner, puisque ses archives présentent un certain caractère de permanence. La toute première idée qu'il faut en tout cas dériver de l'analogie [des techniques d'archivage et des processus de l'esprit humain] concerne les procédés de sélection. La sélection par association – plutôt que par indexation – doit pouvoir être mécanisée. On ne peut certes pas espérer égaler la célérité ou la flexibilité avec lesquelles l'esprit poursuit ses chemins associatifs, mais il devrait être possible de l'emporter de manière décisive sur lui pour tout ce qui concerne la permanence et la précision des documents exhumés de leur lieu de stockage.

Considérons un dispositif qu'on destinerait, dans le futur, à un usage individuel, une espèce de classeur personnel en même temps que de bibliothèque mécanique. Il lui faut un nom, et pour en forger un au hasard, *memex* fera l'affaire. Un *memex* est un dispositif à l'intérieur duquel un individu stocke tous ses livres, ses archives, sa correspondance, et qui est mécanisé de manière à en permettre la consultation avec une extrême rapidité et une parfaite souplesse. C'est une extension intime de sa mémoire.

Le dispositif consiste en un bureau et, quoiqu'on présume qu'il puisse être manipulé à distance, il s'agit d'abord et avant tout de la pièce de mobilier sur laquelle un individu travaille. Sur le dessus, on observe, inclinés, des écrans translucides sur lesquels peuvent être projetés des documents pour y être confortablement parcourus. Il y a un clavier et plusieurs séries de touches et de leviers. À part cela, le meuble ressemble à un bureau ordinaire.

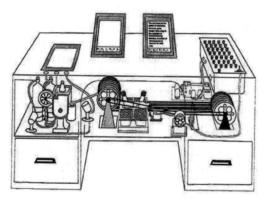

La majeure partie des contenus archivés dans le *memex* est disponible à l'achat sous forme de microfilms prêts à l'insertion. Livres de toutes sortes, images, périodiques vivants et journaux sont acquis pour être aussitôt stockés en bonne place. La correspondance professionnelle suit exactement la même voie. Il est en outre prévu d'y ajouter directement de l'information. Sur le dessus du *memex* se trouve un plateau transparent. C'est là qu'on peut disposer des notes manuscrites, des photographies, des mémorandums, toutes sortes de choses. Une fois le document en place, il suffit d'actionner un levier pour le photographier et le stocker sur le premier espace vide qu'offre une section déterminée de la pellicule du *memex* – le procédé utilisé étant celui de la photographie à sec [1].

Bien entendu, il reste toujours possible de consulter un document enregistré en recourant au système d'indexation ordinaire. Si l'utilisateur veut par exemple consulter tel livre, il lui suffit de composer le code approprié sur son clavier pour faire apparaître sous ses yeux la page de titre de l'ouvrage en question, projetée sur l'un ou l'autre de ses écrans de lecture. Les codes fréquemment employés étant enregistrés dans la mémoire du système, il a rarement besoin de consulter sa table de codes. En cas de besoin toutefois, une simple pression sur une touche du clavier la lui projette immédiatement sous les yeux. [...]

N'importe quel livre de sa bibliothèque peut donc être appelé et consulté avec beaucoup plus d'aisance que s'il fallait aller le chercher sur une étagère. Comme l'usager dispose de

---

1. Ancêtre de la photocopie. Il existe dès la deuxième moitié du XIXe siècle un procédé de photographie sur « plaque sèche ». Peut-être inventé par R.L. Maddox, il est commercialisé dans le courant des années 1870 en Angleterre par Ch. Bennett.

plusieurs écrans, il peut laisser un document en place tandis qu'il en appelle un autre. Il peut également ajouter des notes marginales et des commentaires, tirant pleinement avantage des propriétés de la photographie à sec. Et l'on pourrait même faire en sorte qu'il dispose à cet effet d'une sorte de stylet […], tout comme s'il avait sous la main la page physique elle-même.

Tout cela reste assez conventionnel, et n'est que la projection dans l'avenir de mécanismes et de gadgets d'ores et déjà opérationnels. Cela implique cependant de franchir incontinent une étape supplémentaire vers un mode d'indexation associatif, dont l'idée fondamentale est qu'il permettrait de faire en sorte qu'à volonté, n'importe quel document occasionne la sélection immédiate et automatique d'un autre document. Là est la caractéristique essentielle du *memex*. C'est le procédé de liaison de deux documents distincts qui est le point le plus important.

Quand l'usager cherche à creuser une piste, il commence par lui donner un nom, enregistre ce nom dans sa table de codes, puis le tape à l'aide de son clavier. Il fait alors apparaître sur deux écrans adjacents les deux documents qu'il veut relier. Au bas de chacun d'eux sont disponibles des espaces d'indexation vides qu'un pointeur permet de désigner sur l'un et l'autre documents. D'une simple frappe sur le clavier les deux documents sont aussitôt associés de manière permanente. Dans chaque espace d'indexation apparaît le nom de code approprié. Invisible, mais également prévu sur l'espace d'indexation, un ensemble de points donne la possibilité de visionner des cellules photographiques. Enfin sur chaque document, la disposition de ces points indique le numéro d'index du document rattaché.

Après quoi, à n'importe quel moment, quand on visualise un document, l'autre peut être instantanément appelé par une simple pression sur la touche située sous l'espace d'indexation lui correspondant. En outre, quand un certain nombre de documents ont été rassemblés par cette méthode en une piste, ils peuvent tous êtres appelés et consultés tour à tour, rapidement ou lentement, en actionnant simplement un levier [...]. C'est exactement comme si un ensemble de documents matériels avait été compilé pour constituer un ouvrage original. Et bien plus, car ici le moindre document peut croiser une multiplicité de pistes.

COMMENTAIRE

L'Avenir de la pensée est un texte issu de plus de deux décennies de recherches en ingénierie machinique et logicielle ainsi que de collaborations institutionnelles multiples entre centres universitaires, entreprises industrielles et secteur public. Fortement impliqué, dès le début des années 20, dans la construction d'un calculateur connu sous le nom de *Diffential Analyzer* – développé au Centre d'Analyse du Massachusetts Institute of Technology, puis à partir du début des années 30 avec le concours de la Fondation Rockfeller – Vannevar Bush s'est trouvé à la croisée d'une recherche qu'on peut déjà qualifier d'« informatique » et de contraintes pratiques et industrielles qui deviendront dans les années 40 géopolitiques et militaires. Les objectifs de l'Analyseur Différentiel évoluèrent sensiblement dans le temps de son développement et de sa mise en service pour concerner les problèmes de transmission de l'énergie à haute tension, l'optimisation des centraux téléphoniques, l'appréciation de l'influence du champ magnétique terrestre sur la trajectoire des rayons cosmiques, ou encore la cryptographie – problèmes qui tous exigeaient la solution de nombreuses équations différentielles [1].

La problématique du calculateur ne ressortissait pas à la seule complexité d'un mécanisme extrêmement élaboré, comme s'il s'agissait d'une figure techniquement exponentielle, perfectionnée puis électrifiée, de la machine de Pascal ou de Leibniz. Son architecture impliquait l'expression de problèmes mathématiques sous la forme de processus électromécaniques, les contraintes abstraites du calcul étant répliquées sous la forme des mouvements matériels de manettes, plots, scripteurs. Il fallait donc assumer les particularités pratiques d'une pensée complexe dont le nombre des paramètres excédait les possibilités de la représentation naturelle. Ce qui exigeait notamment de traduire en mode graphique certaines contraintes syntaxiques du calcul mathématique, puis d'inventer les processus électromécaniques susceptibles de la réaliser sous forme de mouvements et de rotations, enfin de trouver une véritable interface entre les processus de la dynamique intellectuelle du calcul et de la pensée, et les mouvements, rotations et transmissions mécaniques et isomorphes de la machine. La difficulté ne concernait donc pas simplement des manipulations techniques mais bien le langage de la machine, sa grammaire et sa syntaxe, et non pas l'ingénierie mais la logique, la linguistique – la philosophie.

Le problème fondamental était effectivement celui de la *représentabilité de la pensée*, de son objectivation, de sa réduction en même temps que de son optimisation technique. Une vérité se faisait progressivement jour, que l'interface de la

---

1. Voir L. Owens, « Vannevar Bush and the Differential Analyzer : The Text and Context of an Early Computer », dans *From Memex to Hypertext*, *op. cit.*, p. 3-38.

machine et de l'esprit ne pouvait se limiter à la traduction des horizons intellectuels de l'un dans les possibilités pratiques de l'autre. Elle recouvrait bien plutôt et d'emblée la double contrainte linguistique d'organiser syntaxiquement une réalité appréhendée dans son extériorité machinique, et de produire visuellement et topographiquement les chemins d'une succession temporelle des représentations idéelles. Difficulté dont Vannevar Bush avait eu l'occasion de mesurer l'étendue avec l'invention, dès les années 20, d'un « traceur de relief », machine relativement rudimentaire mais néanmoins capable de produire l'image graphique d'un relief quelconque sous la forme de courbes d'amplitude rigoureusement définie. Analogie qui, sur un plan strictement formel, s'avère tout à fait flagrante avec l'« analyseur différentiel » dont une myriade de disques et de mécanismes rotatifs exprimaient leurs résultats mathématiques sous la forme de courbes et de graphes.

La conception en 1945 du *memex* peut sans doute paraître futuriste, mais elle s'intègre en vérité dans un espace technologique et conceptuel qui définissait en amont ses conditions théoriques de possibilité. Parmi elles, des réalisations pratiques périphériques d'une incontestable importance, à l'image du « sélecteur rapide », une machine conçue à la fin des années 30, construite au MIT, et destinée à sélectionner sur la pellicule d'un microfilm, par un moyen photocellulaire, telle ou telle information enregistrée[1]. Pour dire peut-être un peu vite, le *memex* constitue moins un instrument par lui-même prémonitoire qu'un assemblage effectivement prémonitoire

---

1. Ce procédé de la technique photographique se retrouve dans le *memex* sous la forme des « ensembles de points » disposés dans l'espace d'indexation des documents archivés et reliés entre eux.

d'instruments plus ou moins opérationnels mais concaténés, hybridés, intégrés en un seul et même espace opératoire.

Dans ce contexte technologique, la spécification centrale du *memex* consiste dans sa capacité à répliquer sous une forme automatique certains processus de l'esprit humain, dont Vannevar Bush postule qu'ils peuvent être traduits en processus électromécaniques et par conséquent physiques. Les enjeux du *memex* n'allaient cependant pas concerner la seule figuration mécanique de la pensée, et l'assurance de son efficacité postulée n'était pas dans l'espoir de concaténer de « longues chaînes de raisons » dans le but d'éviter toute erreur de calcul. Autrement dit, il ne s'agissait pas seulement d'automatismes logiques et de vérification, il s'agissait également et sans doute avant tout de moyens de discrimination, de choix, de pertinence, d'opportunité, et donc au-delà de manipulation, de réinscription et de contextualisation des « objets de sens » – textes, documents graphiques ou sonores. Il s'agissait en un mot de *création*.

Deux figures opératoires de l'esprit

Publié par Vannevar Bush dans *The Technology Review* en janvier 1933, « The Inscrutable Thirties » décrivait l'ordinaire d'un professeur d'université comme sous le regard rétrospectif – et en l'occurrence fictionnel – d'un observateur des années 40. Et l'auteur de décrire les affres de l'aliénation technologique, les contraintes du modernisme – téléphone, production mécanographique de l'information, contraintes administratives – la désuétude des espaces bibliothécaires et l'organisation archaïque de la recherche scientifique. « La bibliothèque […] était énorme, […] elle contenait des tonnes d'ouvrages, et pourtant elle était supposée constituer un espace de travail, non un musée. [L'utilisateur] devait consulter des fiches, feuilleter des registres et y vermiller pendant des heures. Une perte de temps considérable, et un légitime sujet d'exaspération »[1]. Mais là n'était pas le seul problème. Conjugués à la difficulté de concevoir de nouvelles méthodes pour la recherche, l'immobilisme institutionnel et l'aveuglement du public constituaient des obstacles sérieux à toute nouvelle conception et toute nouvelle pratique savante. Que dire alors du projet d'enclore la totalité d'un millier de volumes dans l'espace confiné d'une pellicule photographique ?

Quand donc, dans *L'Avenir de la pensée*, Vannevar Bush aborde la question de l'adoption par les bibliothèques institutionnelles de machines appropriées à leurs pratiques scientifiques – peu de temps, du reste, avant la réédition en 1946 du précédent essai sous le titre « The Inscrutable Past » – l'idée pour lui est déjà ancienne. Mais elle s'accompagne d'une réflexion nouvelle sur nos capacités de gestion de l'information. Le problème physique de l'accès à l'information se sera entretemps avéré un problème de rationalité et non pas réellement de stockage. Ou encore : la question du stockage sera devenue secondaire par rapport à la question de l'organisation de l'information, dont la configuration alphanumérique reste efficace dans un contexte de rareté, mais s'avère au contraire profondément handicapante dans un contexte d'abondance.

Dans l'espace physique de la bibliothèque, l'information existe principalement sous la forme d'items uniques – les ouvrages à consulter – et de coordonnées réduites à la locali-

1. *From Memex to Hypertext*, *op. cit.*, p. 74 (nous traduisons).

sation des documents dans un lieu de dépôt systématiquement ordonné. Quoiqu'il y soit parfois question du thème de l'ouvrage, indiqué par une partie au moins de sa référence bibliotechnique, les coordonnées d'un ouvrage doivent permettre de le localiser topologiquement. Une correspondance exacte entre cette localisation et son contenu effectif n'est pas indispensable. Bien plus, l'économie de cette taxinomie et les contraintes de la classification topologique *interdisent* plutôt même qu'elles ne rendent simplement inutile la multiplication des marques descriptives de l'ouvrage.

Ainsi, l'artefact des systèmes classiques d'indexation implique la réduction topographique du descriptif bibliothécaire d'un ouvrage ou d'une information quelconque. Les règles de localisation participent d'une exigence principalement topologique et peuvent aisément se réduire à une rationalité alphanumérique : un ensemble de lettres descriptives d'une sous-classe de la bibliothèque, un ensemble de chiffres permettant d'accéder à une sous-classe de la précédente. Le dispositif est évidemment plus efficace que ne le laisse supposer la rapide analyse de Vannevar Bush, mais il présente les défauts qu'il lui associe : lenteur de l'accès à l'information, mais surtout nécessité de « s'extraire du système pour y pénétrer ensuite à nouveau par d'autres voies d'accès ». Comprenons : une fois trouvée l'étude convoitée sur le maniérisme italien du XVIIe siècle, le lecteur doit parcourir à nouveau le dédale de la bibliothèque pour y trouver le *Traité des Coniques* d'Apollonios de Pergé ou l'*Astronomie populaire* de Camille Flammarion.

Paradoxalement, l'efficacité de la rationalité bibliothécaire tient partiellement – mais partiellement seulement – d'une esthétique de la déambulation. On peut songer à une subversion péripatétique des contraintes topologiques locales,

les pérégrinations aventureuses et parfois séminales du hasard bibliothécaire présentant quelques soudaines et délicieuses issues. Mais dans son sérieux, la rationalité de la recherche scientifique préfèrera se calquer sur celle des systèmes d'indexation, sur le classement généralement alphanumérique de ces fiches dont l'ordre commande l'accessibilité de tout entrepôt dans le contexte de ses contraintes logistiques propres : espace, volume, structures, étagères, échelles, bacs, personnel manutentionnaire.

Or « l'esprit humain ne fonctionne pas comme cela », c'est l'évidence. Il faut bien cependant admettre que penser suppose en un certain sens l'appropriation d'un espace dont la configuration matérielle formerait le cadre de son efficacité opératoire. L'argument de Vannevar Bush ne consiste donc nullement à révoquer ces postulats, que l'esprit opère taxinomiquement et que les techniques bibliothécaires sont une légitime expression de cet ordre. Moyens mnémotechniques, division et sérialisation des difficultés, toutes les « règles pour la direction de l'esprit » sont sinon des procédés mécaniques pour penser sans faille, du moins des tentatives de mécanisation des tâches intellectuelles les plus répétitives que nous nous fixons – réciter *ad nauseam* une table de multiplication pour être en mesure de calculer « instantanément » le produit de 7 et de 5, qui ne fait évidemment pas 12. L'analyseur différentiel le fera cependant toujours plus rapidement que nous, comme également la machine de Pascal bien avant lui. Le propos de Bush n'est pas d'oblitérer les mécanismes intellectuels à la lumière desquels certaines figures de la rationalité pratique ont pu être élaborées et développées avec succès, c'est plutôt de dégager de ces couches sédimentaires de l'efficacité pratique le mouvement singulier de l'intelligence, qu'il identifie sous le terme d'*association*.

Le postulat de base de Vannevar Bush est effectivement que l'intelligence a d'abord affaire à des *items* ou «éléments d'information». La commode concision formelle de l'anglais ne se retrouve pas dans la périphrase française, qui demande à être explicitée. «Item» désigne en effet n'importe quelle espèce de représentation considérée au point de vue de l'attention que lui porte la conscience, compte non tenu de son importance, de son sens précis, de sa gravité, etc. Il n'en résulte pas pour autant une conception sérielle de l'esprit, qui formerait comme un espace intellectuel dans lequel se bousculeraient des informations successives, surgies en très grand nombre et aussitôt «traitées» par la puissance computationnelle de la nature en nous. Ce qui semble plutôt importer, aux yeux de Vannevar Bush, c'est la *motilité* des connexions entre les dits éléments d'information. Nous n'avons pas affaire à des unités de sens très rapidement sérialisées et concaténées, nous avons affaire à des pluralités de sens multiplement connectées à d'autres pluralités de sens, comme si de l'équivoque se conjuguait en permanence à de l'équivoque de manière elle-même équivoque. Ce qui voudrait dire que la grammaire naturelle de l'esprit n'est pas le pluriel, mais la pluralisation infinie du pluriel et sa croissance aléatoire, à défaut d'être exponentielle. Ou encore : la grammaire de l'esprit humain est tout sauf une grammaire, et quelque chose qui s'apparenterait plutôt à Typhon qu'à Minerve.

Mais il y a plus. «Toute mémoire est transitoire» et d'une manière générale toutes nos représentations existent dans un équilibre permanent quoique précaire de l'actuel et du potentiel. L'esprit n'est pas infini et sa motilité est toujours relative à des conditions physiologiques déterminées et méconnues. Les «pistes» creusées par l'intelligence peuvent être ainsi diversement profondes, diversement fécondes, diversement pratiquées. Ce sont des « pistes » ou des « sentiers » toutefois, et le système de l'activité organique est au cœur de nos possibilités de réflexion. Nonobstant notre finitude et la profonde ignorance dans laquelle nous sommes des logiques chimiques et organiques présidant à nos fonctions cérébrales, le détail de nos représentations – les petites différences par lesquelles se déploient leurs qualités – et leur intrication infinie sont les marques irréductibles de la sublimité de l'intelligence.

Où se noue par conséquent le problème de la *sélection*.

Les mécanismes traditionnels de la sélection, tels qu'ils existent notamment dans l'univers bibliothécaire, sont essentiellement spatiaux : aux coordonnées alphanumériques correspondent des emplacements, la localisation physique de l'objet rendant comme un écho à sa nature physique elle-même. En ce sens l'espace constitue une médiation temporelle, c'est-à-dire que la discrimination des coordonnées documentaires et le cheminement effectif qu'induit ce procédé de choix requièrent de la part du chercheur une mobilité physique et des déplacements qui forment pour ainsi dire le corps de sa recherche initiale et le premier obstacle à son instantanéité. Dans ces conditions, la relation s'avère essentielle entre le mode de stockage et d'archivage des documents et les techniques de recouvrement de l'information, entre le dépôt physique des objets et leur taxinomie alphanumérique. Le problème de la sélection n'est dès lors pas simplement celui d'une fluidification des procédures de recherche et d'accélération des déplacements dans le corps archival, c'est celui d'un changement radical de modèle d'indexation, dont Vannevar Bush va montrer qu'il est consécutivement celui de la constitution et de la nature même de la masse documentaire.

Le changement qu'on est en train d'anticiper recouvre effectivement une profonde révolution épistémologique et

méthodologique au sujet de ce qu'on appelle « document » ou
« archive ». À la racine du projet du *memex*, il y a cette idée que
l'archivage documentaire ne devrait plus être ordonné selon
des normes rationnelles qui restent fonction de la disposition physique des « objets de sens », mais qu'une disposition
sémantique des « objets de sens » devrait être définie à la
lumière des exigences potentielles de la recherche elle-même,
c'est-à-dire à la lumière des vertus et de la motilité de l'esprit.
D'où l'analogie que cherche à dresser Vannevar Bush entre les
techniques bibliothécaires et les procédés de la pensée. Il ne
s'agit certes pas, dit-il, de « dupliquer par artifice les processus
mentaux », mais il s'agit bien de « s'instruire à leur aune ».
Autrement dit, la révolution dans les méthodes d'archivage
et de recherche ne concernera pas l'inégalable célérité de la
nature, elle concernera la modélisation et réplication de ses
processus.

La difficulté principale sera donc de parvenir à passer d'un
mode indexical à un mode associatif d'archivage. Des coordonnées ne devraient plus servir à désigner la seule localisation d'un document, elles devraient en constituer un descriptif
suffisamment précis en même temps que suffisamment concis
pour permettre aussi bien son retrait rapide que sa contextualisation sémantique. Archiver, ce ne sera plus assigner un lieu ;
recouvrer, ce ne sera plus seulement être capable d'extraire un
élément de la classe à laquelle il appartient. L'essentiel rési-
dera désormais dans la mise en œuvre immédiate de protocoles
cognitifs. À la lumière des lois associatives de l'esprit, archiver devra consister à décrire des contextes et donner d'emblée
du sens, à *interpréter* par conséquent tels et tels éléments
documentaires. Les recouvrer, ce ne sera plus extraire tel
élément de son espace d'archivage mais l'intégrer dans un
réseau de contextes susceptible de tisser cet espace en termes

de significations et de rapports sémantiques. Le document ne servira plus seulement d'outil ou de support destiné à élaborer quelque réflexion *a posteriori*, mais exprimera en outre par lui-même une pensée d'ores et déjà en acte. S'il reste impossible de dupliquer la multiplicité et la discrétion des « pistes » ou « sentiers » de l'esprit, il devrait du moins être possible d'assigner une permanence et une clarté nouvelles à nos recherches documentaires. Entendons : exhumer un document, ce ne devrait plus être une façon de le mettre là-devant sous nos yeux, ce devrait consister à l'intégrer dans une pensée processuellement en cours et sémantiquement à l'œuvre. Et précisément, l'instrument de cette véritable transmutation bibliothécaire est le *memex*.

UN BUREAU BIBLIOTHÉCAIRE

Prosaïquement, le *memex* n'est qu'une « pièce de mobilier » à laquelle on aurait greffé un appareillage électro-mécanique hybride : plateau transparent – l'équivalent de ce que nous appellerions désormais un *scanner* – écrans de visualisation, clavier, dispositif de télécommunications, appareil enregistreur d'images, voire de sons. Quelque similitude qu'en une illusion rétrospective on veuille y deviner avec un ordinateur contemporain, l'intérêt de la description qu'en donne Vannevar Bush est ailleurs, dans les diverses couches théoriques qu'il fait surgir de son instrument. Le dispositif qu'il décrit en effet, au sein duquel « un individu stocke tous ses [documents] », représenterait « une extension intime de sa mémoire ». La métaphore semble connue et confusément axée autour de ce centre qui réunissait et opposait à la fois le roi

Thamous et le polytechnicien Teûth[1]. Si l'on veut y prêter
attention, trois séries de remarques au moins peuvent en être
dégagées.

a) Quoiqu'il forme une manière d'espace de stockage
bibliothécaire, le *memex* ne se réduit pourtant pas à un lieu où
reposeraient des trésors documentaires. Contrairement aux
archives et bibliothèques où l'on entrepose des objets dans
leur forme sinon toujours originelle – éditions originales,
in-folio, etc. – du moins matérielle et spécifique – un livre
différant en effet d'un autre livre, même de contenu identique,
ou bien d'un manuscrit ou d'une gravure – le *memex* est
destiné à conserver des documents technologiquement réduits
à l'isomorphie « de microfilms prêts à l'insertion ». Si l'on
peut dire par oxymore, il s'agit donc d'un espace sans spatialité, ou dont la spatialité n'exerce aucune incidence sur les
fonctions documentaires qu'elle permet d'assurer, étant
réduite aux différentes plages d'enregistrement offertes sur
« une section déterminée de la pellicule du *memex* ». Les
qualités matérielles s'effacent effectivement derrière la portée
sémantique du dispositif et de ses procédés de traitement
de l'information. Ce qui ne laisse pas d'être paradoxal. Le
support matériel du document n'est du même coup pas indiffé-
rent mais bien quelque chose de tout à fait crucial, non par les
qualités préservées de sa matière originelle, mais par les
qualités d'immatérialité de son support propre. Texte, image,
son, tout dans le *memex* existe sous la forme d'un enregistrement de type photographique, l'objet de référence étant
pour ainsi dire retranscrit dans le langage spécifique de la
machine. Ainsi, en retour, le procédé technique et sémantique

1. Platon, *Phèdre*, 274c-275b.

de recherche et de mise à disposition permet de faire une expérience cognitive directe de son objet. Peu importe dès lors la désuétude apparente, pour nous, de l'appareillage électromécanique décrit par Vannevar Bush, et que le *memex* soit fait de manettes artisanales, d'un clavier incertain, d'écrans improbables ou d'un appareil photocellulaire probablement grossier. L'essentiel concerne la reproductibilité des ressources documentaires et les procédés de translittération des documents, le transfert de matériaux hétérogènes – textes, images, sons, etc. – dans l'espace homogène de l'enregistrement, quel qu'en soit le support. Dans l'esprit de Vannevar Bush, la « photographie sèche » occupe une place centrale dans le dispositif. Nullement anticipée par lui, c'est la représentation binaire du matériau documentaire et sa traduction informatique qui réalisent aujourd'hui ce qu'il entendait alors par la dématérialisation microfilmique des ressources documentaires.

b) Les archives sont donc là, en un sens, et en un autre elles n'y sont pas. Ou plutôt, les archives sont *représentées* dans le *memex*, dans lequel elles existent sous leur forme à la fois technologique et disponible. Elles n'existent donc plus en tant que telles mais dans une forme électromécanique garantissant leur immédiate disponibilité. Or la disponibilité n'est pas une propriété annexe de leur réduction technologique, c'est le principe même de cette réduction et par conséquent une dimension essentielle de l'archive documentaire. Reproduire un document comme sous forme d'enregistrement, le réduire ainsi à la disponibilité de ses significations et usages potentiels, c'est archiver non pas une chose mais une vue de l'esprit, non pas un état cristallisé du savoir mais des savoirs *possibles* et pourtant non encore constitués, donc inexistants. Un paradoxe fondateur de l'archivage électromécanique – et au-delà informatique et réticulaire – est qu'il concerne non l'état momentanément achevé de l'intelligence mais son horizon et ses espaces de découverte, non le passé mais bien *l'avenir de la pensée*. À l'âge de sa translittération électromécanique, l'archive n'appartient plus à l'ordre du trésor documentaire mais relève de cet entre-deux sémantique potentiellement fécond de la jointure entre un état provisoire du connu et la puissance imprévisible de la réflexion, de la recherche, de la création, en un mot de la pensée.

c) S'il n'est pas exactement un lieu, le *memex* n'en est donc pas moins une médiation essentielle entre la recherche comme procédure intellectuelle et le substrat documentaire dont il s'alimente. L'appareillage technique greffé à la « pièce de mobilier » ne sert donc pas vraiment de truchement à l'accès aux archives qu'il renferme, mais bien plutôt de mode de pré-sentation de ces archives. Presque dématérialisées, celles-ci n'existent pour ainsi dire que dans le temps de leur mise en présence technologique, c'est-à-dire dans les requêtes par quoi elles surgissent sur les écrans ou peuvent être manipulées par le « stylet » ou les manettes du *memex*. Il n'est dès lors pas très exact de parler d'un tel dispositif technique comme d'un outil, comme d'un instrument médiatisant l'intentionnalité cogni-tive de l'usager, son savoir actuel et ses visées de recherche d'une part, et le profit à venir de ses manipulations, les objectifs atteints et l'œuvre accomplie d'autre part. Sans doute le schème instrumental s'applique-t-il au *memex*, mais il s'y applique mal et oblitère ses propriétés les plus significatives. Le renversement méthodologique dont il est physiquement le lieu renvoie plus essentiellement à une transmutation radicale des objets de savoir, dont le caractère documentaire ressortit au moins autant à la façon dont ils peuvent être électroméca-niquement requis qu'à la forme spécifique à laquelle ils renvoient : texte, image ou son. De même dès lors qu'un document enregistré s'avère au sens propre une interface documentaire – graphique ou sonore – de même l'espace bureautique sur lequel il est projeté constitue en son fond une interface matérielle entre le connu et le connaissable, entre l'acquis et les ressources encore virtuelles de la création intellectuelle. Par analogie avec les procédures de l'esprit, le *memex* traduit la vélocité et la discrétion en termes de requérabilité, de connectivité et d'entrelacement documentaire et donc sémantique. À ce titre, il représente moins un outil qu'une interface technologique entre la pensée et le potentiel infini de son horizon documentaire.

« Une extension intime de la mémoire » – le propos dénote sans doute quelque chose comme l'idée d'une « réalité augmentée »[1], les limites du dedans de la conscience étant exponentiellement surmontées par l'extrême diversité des ressources documentaires que le *memex* met à la disposition de son usager. Au-delà cependant d'une approche simplement quantitative, le concept d'« extension » inspire l'idée d'une véritable mutation de la mémoire, pensée non plus en termes de stockage seul mais en termes de potentiel et de plasticité. L'extranéation de la mémoire dont le *memex* est moins l'instrument que l'interface consiste dans une certaine duplication de notre motilité intellectuelle, dont la connectique et l'intime pluralité se retrouvent au cœur des ressources documentaires archivées dans le mécanisme bibliothécaire et archival. Un document n'y est plus un document mais une

---

1. Expression utilisée depuis les années 90 pour désigner une continuité entre les données du monde matériel et celles des espaces numériques. On modélise ainsi et visualise en temps réel des processus cérébraux, ou l'on crée des environnements complexes pour l'entraînement aéronautique.

idée, une intuition, une conjonction, à la fois effet et cause de réflexion. Il serait en ce sens moins approprié de parler d'«élément» que de «compendium» documentaire, chaque item constituant moins un objet de recherche possible que le résumé de significations consolidées comme de relations postulées. Si le *memex* est un substitut technique à la lourdeur des manipulations physiques auxquelles la fréquentation des bibliothèques institutionnelles nous a habitués – il suffit désormais de composer un simple code pour consulter un livre – il offre également des possibilités de manipulation qui ne sont quant à elles plus simplement techniques mais bien intellectuelles. « Ajouter des notes marginales et des commentaires » à un texte, ce n'est plus en recevoir seulement la leçon mais, en forçant un peu le trait, la lui faire en retour, en marquer soit les insuffisances soit les possibilités occultées, et l'augmenter d'une textualité qui sans doute est sienne, puisqu'elle en est issue, mais également outre ce qu'il est en lui-même, puisqu'il ne la portait pas d'emblée. Ce qui ne veut pas dire qu'un texte soit ainsi, conformément à une tradition infinie, annoté et commenté. Cela veut plutôt dire qu'un texte est approprié et déployé dans un ordre issu de lui mais qui n'est pas tout à fait sien, un ordre dont il est fécond mais dont il n'est pourtant pas le géniteur, d'une réalité en somme qui est celle de l'esprit qui l'augmente, celle de l'esprit qui s'en augmente d'autant *lui-même*.

L'ACTUALITÉ DE LA PENSÉE

Le centre névralgique du *memex* ne se situe pas au niveau de ses propriétés électromécaniques et des facilités opératoires qu'elles apportent à son utilisateur. Pour le dire par anachronisme, le saut qualitatif qu'anticipe Vannevar Bush dans la recherche documentaire ne concerne pas le *hardware* mais bien plutôt le *software*. La particularité qui distingue le *memex* de tout autre instrument de recherche réside dans sa dynamique fonctionnelle ou dans le fait que les données sur lesquelles il permet de travailler ne forment pas une sorte de matière première douée de propriétés fixes, mais plutôt des ressources polymorphes douées des significations que leur archivage et ses modalités spécifiques auront permis de leur assigner. « Élément documentaire » est une dénomination commode mais impropre. Car un élément est en l'occurrence par lui-même une pluralité d'éléments parce qu'un élément rassemble et dynamise une pluralité de significations qui lui ont été assignées au moment de son enregistrement et de son interconnexion dans le corps du *memex*.

Tel est effectivement le sens de cette indexation associative dont le *memex* est le procédé opératoire. La révolution méthodologique, sémantique et en même temps pratique dont il est l'instrument consiste à changer le mode de spécification d'un document et à l'identifier non seulement par sa place dans un registre déterminé de coordonnées, mais aussi et surtout par ses connexions à un ensemble plus ou moins vaste – et en cela d'extension parfaitement libre – de documents tiers et de natures disparates. Si tout document est une pluralité de documents, ce n'est évidemment pas dans la mesure où il existe en une pluralité d'instances, comme s'il suffisait par exemple de changer une police de caractères ou d'ajouter des images à telle instance d'un texte et non à telle autre pour prétendre avoir affaire à des « objets de sens » différents. L'idée d'une indexation associative est autrement plus féconde, puisqu'elle désigne la connectivité d'un document à une pluralité d'objets distincts de lui, et qu'elle emporte

dès lors en puissance l'ensemble des connexions possibles
de n'importe quel item à n'importe quel autre. L'essentiel
est donc dans «le procédé de liaison de deux documents
distincts», dans le fait que cette liaison puisse n'avoir rien de
statique mais plutôt *signifier* dans une multiplicité de direc-
tions simultanées. «Le point le plus important» se situe dans
la coïncidence de l'acte d'archivage et du geste proprement dit
de la réflexion. Mettre en réserve et préserver un document, ce
n'est plus lui assigner une place, c'est le surdéterminer par une
réflexion et le contextualiser, c'est tenir d'emblée un discours
réalisant l'intégration de ce document dans un réseau lui-
même discursif.

La réflexion de Vannevar Bush a ceci de remarquable
qu'elle évoque moins l'idée de l'archivage que celle d'une
construction sémantique de son arborescence. Nommée, identifiable, directement intelligible même, celle-ci ne s'apparente
nullement à l'étiquetage bibliothécaire auquel on est accoutumé, elle ressortit à une procédure d'indexicalisation par quoi
l'on désigne un objet ou un individu particuliers. Comme on
attribue un nom de baptême aux navires et aux aéronefs, on
nomme une chaîne sémantique descriptive d'un document en
même temps que de l'ensemble des rapports qu'il entretient ou
est susceptible d'entretenir avec un ensemble plus ou moins
vaste d'autres documents. Le geste de la désignation concerne
en effet des relations plutôt que des items, il exprime des
évaluations et des choix plutôt que les propriétés objectives
des documents vers lesquels il permet de pointer. Le *memex*
n'est par conséquent pas un simple contenant, une sorte de
nomenclature technologique des contenus disponibles de
connaissance. Il faut plutôt l'entendre comme un opérateur
de sens et comme un procédé non de stockage, non d'archivage, mais de liaison, de conception, et d'*écriture*. Pour dire en

raccourci, le *memex* contribue à écrire le savoir parce que c'est lui qui, en fonction de ses possibilités techniques de liaison, constitue le corps changeant, pour son utilisateur, des états successifs de ses savoirs et de ses pensées. Associer n'est pas juxtaposer, c'est penser une relation pertinente d'un item à un autre et construire un discours, serait-il d'extension restreinte, autour d'un thème identifié comme tel et nommé, reconnu, manipulable.

La procédure d'indexation et d'archivage décrite par Vannevar Bush présente donc une double dimension, à la fois technique, le principal consistant ici dans son automatisation, et sémantique, l'essentiel consistant alors dans l'élaboration d'objets complexes, d'essaims de documents, d'autant de cristallisations originales de la pensée.

L'*automatisme* a partie liée avec la célérité. De fait, la réduction technologique des documents archivés et leur mise en lisibilité – utilisation de la photographie à sec – garantissent à l'ensemble du procédé exactitude et instantanéité, c'est-à-dire des propriétés cognitives susceptibles d'égaler, voire de dépasser celle de l'esprit. Les manipulations techniques décrites par Vannevar Bush consistent à réduire l'effort de recherche au minimum en optimisant au maximum le retour sur requête. Relier des documents et associer un code non pas seulement aux documents eux-mêmes – qui en possèdent déjà un du fait de leur présence dans la mémoire de masse de la machine – mais aux liens qui les rassemblent, c'est le moyen de rendre instantané le succès d'une recherche, la particularité d'une liaison sémantique volontaire, enfin la mise à disposition d'une pensée. Car ce ne sont dès lors plus les documents seuls qui sont conservés, ce sont bien les pensées qu'ils ont suscitées et les relations qui les ont exprimées. La liaison est de l'ordre du discours, du frayage singulier et arbitraire, libre aussi et potentiellement original ou fécond. Ce qui ne laisse pas de poser une *question de sens*, puisque la liaison n'est pas exclusivement relative aux propriétés du lié mais aux décisions du liant : le sujet de la connaissance et les choix qu'il opère dans le frayage des sentiers de sa propre réflexion. Rien ne garantit effectivement la pertinence du lien, que les codes soient correctement associés aux fichiers qu'ils associent, qu'il y ait donc une sorte d'harmonie ou du moins une correspondance globale des significations. Le *memex* rend possibles tous les possibles, pourrait-on dire par redondance, entendant par là qu'il ne renferme ni ne conserve les seules idées adéquates que nous avons du rapport entre les choses, mais toutes les liaisons que nous avons souhaité encoder, archiver, préserver, exhumer. Nos pensées sont effectivement des « sentiers » que nous traçons, des « pistes » que nous creusons, entretenons, abandonnons, retrouvons, ou perdons. Avec ses automatismes et sa mémoire intégrée – ses capacités mnémoniques – le *memex* nous offre les possibilités d'une sacoche infinie de petits cailloux à égrener tout au long des chemins tortueux de nos pérégrinations sylvestres – non pas : intellectuelles !

Où l'on rejoint une thématique du *complexe*. Le cœur sémantique du *memex* réside dans cette puissance combinatoire que parviennent à causer et entretenir ses propriétés mnémoniques. Garder en mémoire, c'est garder en pensée, et garder en pensée, c'est à son tour actualiser les voies multiplement intriquées de nos choix, de nos décisions, de notre compréhension, de notre intentionnalité cognitive. « Visualiser un document » préservé n'est pas s'en faire et s'en refaire le spectateur. L'enjeu n'est pas la répétition, c'est la *différance*[1]. Appeler un fichier d'une simple pression de touche, c'est ranimer un ensemble réticulé d'«objets de sens» où les supports sémantiques, divers par leur dénotation et leur structure sémantique, homogènes dans leur réduction technologique, se conjuguent en une nouvelle occurrence pour à la fois reproduire une chaîne de raisons et donner l'occasion de son altération et de sa transformation ou bien de sa dissémination en un ou plusieurs nouveaux réseaux de sens. Rapidité et lenteur ne sont donc pas ici de simples propriétés empiriques. Elles font signe vers des manières de penser – les modes de la pensée – et donc vers une configuration potentiellement nouvelle et originale du système de la représentation et de la vision qu'elle renferme, qu'elle éprouve, qu'elle infléchit, éventuellement confirme ou révoque. Le *memex* offre ainsi le spectacle machinique d'une pensée flagrante d'actualité. Agréger des archives documentaires, c'est effectivement créer de nouveaux ouvrages, en ce sens non que des volumes virtuels s'amoncellent dans la mémoire de la machine, mais que des synthèses indéfiniment malléables s'accomplissent pour cristalliser un état temporaire et massif à la fois, systémique et aléatoire, des pensées que nous formons et des connaissances auxquelles nous nous accordons et qui nous réfléchissent. Ce dont la logique n'est elle-même pas hasardeuse. La machine n'offre pas des possibilités techniques – la rapidité avec laquelle le multiple est calculé, conditionné, et reproduit – converties en bénéfices cognitifs, elle offre une puissance sémantique – la connectivité du multiple en ses complexes – convertie en autant de présentations techniques

---

1. On retiendra l'utilité de ce concept derridien désormais banalisé, et l'on ne s'irritera plus de sa préciosité.

qu'on voudra : l'automatisme de la présentation. Pour dire autrement, ce n'est pas le technique qui rend possible le sémantique, c'est le sémantique qui s'actualise dans le technique.

*

« Extension de la mémoire » : la métaphore du *memex* est-elle bien pertinente ? Technologiquement, le dispositif décrit par Vannevar Bush semble réductible à une figure condensée et d'une certaine manière virtualisée, du schème classique de la bibliothèque. Compendium mémorial de tous les savoirs, celle-ci devait les organiser et les préserver en constituant la matrice séminale de l'ensemble de leurs développements à venir. Le *memex* paraît à son tour réaliser ce projet de rationalité très ancien[1] en le rassemblant autour de son opérateur, sujet central amené à naviguer au croisement gravitationnel des savoirs technologiquement disponibles du fait de la polymorphie de son instrument : imprimés, correspondance, photographies, documents sonores et télécommunications. C'est comme si nous pouvions enfin nous libérer de la contrainte d'aller vers la connaissance et que nous étions pour ainsi dire « capacités » à nous envelopper de tout ce qui aide et nourrit notre réflexion, notre puissance de penser et ainsi d'être. En ce sens le *memex* paraît bien une « mémoire étendue », un être-là potentialisable de toute notre mémoire cognitive.

1. Voir R. Damien, *Bibliothèque et État*, Paris, PUF, 1998.

« Mémoire » se dit cependant en un autre sens encore, et largement plus significatif. « Mémoire » ne désigne en effet pas le quantum représentationnel disponible à un acte cognitif quelconque, mais plutôt la *connexion actuelle* d'une représentation à une autre, qu'elle soit du reste fautive ou approximative ou qu'elle soit exacte et pertinente. En ce sens le *memex* n'est pas comme on pourrait dire un « extenseur » de la mémoire, ou bien encore une greffe extensive de tous les contenus cognitifs que nous ne sommes évidemment pas capables de conserver en nous-mêmes. Il serait bien plutôt une excroissance dynamique de ce que nous faisons quand nous nous remémorons, qui n'est pas de mettre en notre présence tel souvenir, tel événement passé, mais de « computer » ou *calculer* nos représentations par la visée que nous actualisons de projets sensoriels ou intellectuels, cognitifs ou pratiques. « Cette orange est bleue » ne juxtapose pas simplement de manière arbitraire le fruit et la couleur dont nous avons le souvenir. Quelque chose de Tintin y a sa part[1], peut-être un peu de poésie surréaliste inintéressante également, mais aussi et surtout cet argument qui actuellement se déploie sous nos yeux, ce livre en acte, en train de se faire, fait désormais et enfin en lecture – celui-là même que vous, lecteur, tenez dans vos mains ! *Memex* n'est pas une greffe, c'est aussi le jeu de la mémoire, une interface de sa connectique, pour employer un vocable désormais courant, une interface de *notre* connectique. On s'approcherait ainsi de l'idée qu'une part de nous-mêmes se miroiterait dans la machine, dont l'intelligence ne tient pas à la quantité des informations qu'elle renferme

---

1. *Tintin et les oranges bleues*, film de Ph. Condroyer avec J.-P. Talbot et J. Bouise (1964).

mais à la multiplicité des liens qu'elle permet de tisser, des « sentiers » ou « pistes » qu'elle permet de frayer et creuser.

Mais ce n'est encore qu'un miroir, et le destin de tout miroir est de rester le plus clair du temps vide de nous, de ne refléter que l'indifférence des choses et non les traits d'un visage, ses expressions et la vie intime de son personnage. De quoi le *memex* est-il donc vide? De la *continuité actuelle* de nos pensées. Instrument de leur redéploiement, machine à « augmenter » nos pensées et leur écriture, il fait signe vers une créativité qu'il anticipe et prépare, mais qui l'excède et peut-être le justifie. Il est donc au plus près d'une « machine à écrire », si l'instrument qu'on désigne par là tend non à quelque manipulation typographique mais à la perfection d'un geste démiurgique. Seulement n'est-ce là qu'un geste?

La question, on ne s'en doutait guère, rencontre Jonathan Swift.

TEXTE 2

JONATHAN SWIFT
Les voyages de Gulliver, « Voyage à Laputa » *1

En traversant un jardin, nous nous trouvâmes de l'autre côté de l'académie, où, comme je l'ai dit, résidaient les savants abstraits.

Le premier professeur que je vis était dans une grande pièce, entouré de quarante élèves. Après les premières salutations, comme il s'aperçut que je regardais attentivement une machine qui tenait presque toute la chambre, il me dit que je serais peut-être surpris d'apprendre qu'il nourrissait en ce moment un projet consistant à perfectionner les sciences spéculatives par des opérations mécaniques. Il se flattait que

---

*J. Swift, *Voyages de Gulliver dans des contrées lointaines*, « Voyage à Laputa », chap. V (extrait), Paris, Garnier frères, 1856.

1. *Gulliver s'ennuie. Ayant obtenu de quitter l'île volante de Laputa, il est déposé près de Lagado, en terre balnibarbe, et livré à l'hospitalité du seigneur Munodi, qui lui propose une visite de « la grande académie ». Les bâtiments en sont divisés en deux secteurs, l'un consacré aux « inventions mécaniques », et l'autre aux « sciences abstraites ».*

le monde reconnaîtrait bientôt l'utilité de ce système, et il se glorifiait d'avoir eu la plus noble pensée qui fût jamais entrée dans un cerveau humain. Chacun sait, disait-il, combien les méthodes ordinaires employées pour atteindre aux diverses connaissances sont laborieuses; et, par ces inventions, la personne la plus ignorante pouvait, à un prix modéré et par un léger exercice corporel, écrire des livres philosophiques, de la poésie, des traités sur la politique, la théologie, les mathématiques, sans le secours du génie ou de l'étude. Alors il me fit approcher du métier autour duquel étaient rangés ses disciples.

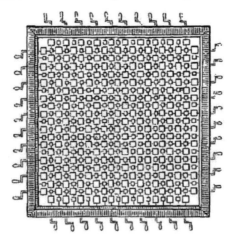

Ce métier avait vingt pieds carrés, et sa superficie se composait de petits morceaux de bois à peu près de la grosseur d'un dé, mais dont quelques-uns étaient un peu plus gros. Ils étaient liés ensemble par des fils d'archal très minces. Sur chaque face des dés étaient collés des papiers, et sur ces papiers on avait écrit tous les mots de la langue dans leurs différents modes, temps ou déclinaisons, mais sans ordre. Le maître m'invita à regarder, parce qu'il allait mettre la machine en mouvement. À son commandement, les élèves prirent chacun une des manivelles en fer, au nombre de quarante, qui étaient fixées le long du métier, et, faisant tourner ces manivelles, ils changèrent totalement la disposition des mots. Le professeur commanda alors à trente-six de ses élèves de lire tout bas les lignes à mesure qu'elles paraissaient sur le métier, et quand il se trouvait trois ou quatre mots de suite qui pouvaient faire partie d'une phrase, ils la dictaient aux quatre autres jeunes gens qui servaient de secrétaires. Ce travail fut recommencé trois ou quatre fois, et à chaque tour les mots changeaient de place, les petits cubes étant renversés du haut en bas.

Les élèves étaient occupés six heures par jour à cette besogne, et le professeur me montra plusieurs volumes grand in-folio de phrases décousues qu'il avait déjà recueillies et qu'il avait l'intention d'assortir, espérant tirer de ces riches matériaux un corps complet d'études sur toutes les sciences et tous les arts. Mais il pensait que cette entreprise serait grandement activée, et arriverait à un très haut degré de perfection, si le public consentait à fournir les fonds nécessaires pour établir cinq cents machines semblables dans le royaume, et si les directeurs de ces établissements étaient obligés de contribuer en commun aux différentes collections.

Je fis mes très humbles remerciements à cet illustre personnage pour les communications dont il m'avait gratifié, et je l'assurai que, si j'avais le bonheur de revoir mon pays, je lui rendrais justice en le citant parmi mes compatriotes comme l'unique auteur de cette merveilleuse machine.

COMMENTAIRE

Imaginant un « métier » à signifier et savoir, Jonathan Swift décrit une machine capable d'exprimer non la puissance mondaine de la réflexion mais la puissance réflexive de la technique. Truchement de l'activité spéculative et peut-être même son lieu le plus sûr, la machine sera considérée comme la matrice la mieux appropriée et la plus efficace, la plus féconde, littéralement la plus productive de la pensée. Un « métier » à produire des savoirs serait tout bonnement un mécanisme plus ou moins automatisé, en tout cas parfaitement fiable, pour engendrer des propositions et par conséquent *de* l'objet textuel et *de* la matière intellectuelle, quels qu'ils soient. Où il ne faut pas chercher à deviner un projet faustien d'augmenter notre puissance de faire et de produire. L'invention du « savant abstrait » concerne plus modestement les seuls contenus spéculatifs de la science, avec l'ambition toutefois de conduire la raison jusqu'aux ultimes frontières textuelles de ses possibilités. La mécanisation de la production des savoirs devrait ainsi mener l'esprit, connaissance après connaissance, quantités après quantités, aux confins de ce qui se nommerait alors légitimement Savoir Absolu.

Que signifie cependant cette puissance mécanique de dire exhaustivement tout ce qui peut être dit? D'un côté l'on vise au progrès des sciences spéculatives, libérées des contraintes du réel et de l'expérience inévitablement limitée que nous en avons : le «métier» à penser est une machine à produire *du* texte, duquel pourront d'elles-mêmes et naturellement s'extraire les vérités des sciences pures. De l'autre côté, consécutivement, on vise à l'élaboration d'un «corps complet d'études sur toutes les sciences et tous les arts», à l'élaboration *du* corpus de *la* Science appréhendée et exposée dans toute son extension logique et discursive. Ainsi, le perfectionnement des sciences ne désignerait pas leur seule augmentation quantitative, mais exprimerait la volonté d'une sommation ultime et définitive, d'une exposition parfaitement exhaustive de l'ensemble de ses contenus positifs. Il émane donc comme une ambiance encyclopédique au cœur de laquelle la machine à fabriquer des propositions préfigurerait la possibilité d'une clôture et d'une complétude du projet même de la Science : savoir effectivement tout ce qu'il y a, spéculativement, à savoir. Le «savant abstrait» de Swift se glorifie-t-il «d'avoir eu la plus noble pensée qui fût entrée dans un cerveau humain»? Ce n'est pas d'avoir un entendement capable de penser actuellement l'ensemble des relations possibles entre toutes choses, c'est de pouvoir produire le texte de cette pensée et littéralement le «livre du monde» – écrire *tous* les livres, écrire *le* Livre, écrire le système textuel actuel et effectif de tous les livres possibles, passés et à venir.

Ce qui ne va certes pas sans difficultés.

Pour l'une, il s'agit de la relation que l'ordre entretient au hasard. La machine de Swift, pour la nommer ainsi, rassemble «tous les mots de la langue dans leurs différents modes, temps ou déclinaisons, mais *sans ordre*». Si «toutes les sciences et tous les arts » en peuvent surgir, c'est donc à la condition que le hasard puisse de lui-même produire des séquences sémantiquement cohérentes, et qu'il soit par conséquent possible de les organiser en corps et en savoirs. Peut-être rien ne l'interdit-il dans l'absolu, mais l'argument rencontre évidemment l'objection d'une exigence préalable de rationalité, fondée sur l'improbabilité infinie que d'un strict désordre naisse un ordre strict – ou des seuls mots la science. L'objection est ancienne, et remonte à la critique cicéronienne de l'épicurisme, si ce n'est à la critique aristotélicienne d'Empédocle[1]. Réfutant l'atomisme : « Je ne conçois pas pourquoi, écrit Cicéron, on ne penserait pas aussi que, en jetant d'une manière quelconque en quantité innombrable les vingt et une lettres [de l'alphabet], il pourrait résulter de ces lettres jetées sur le sol les Annales d'Ennius, telles qu'on pourrait les lire ensuite. Je ne sais si le hasard pourrait venir à bout même d'une seule ligne »[2]. A *fortiori*, pourrait-on ajouter, s'il est question de produire l'encyclopédie de toutes les sciences spéculatives. À moins, précisément, que la mécanisation et l'automatisation du processus ne soient la clé d'une mutation qualitative du hasard, et que ce qui demeurerait impossible dans la nature ne devienne réel du fait de la puissance de calcul accumulée non dans une seule mais dans « cinq cents machines semblables dans le royaume ». Pour le dire par anachronisme, la question se pose, pour le moins, de savoir si la puissance computationnelle

---

1. *Cf.* Aristote, *Traité du ciel*, III, II, 300b25, dans *Les Présocratiques*, Paris, Gallimard, 1988, p. 396. – La zoogonie d'Empédocle sera partiellement reprise par Lucrèce, *De la Nature*, V, vers 835 *sq.*

2. *De la Nature des dieux*, dans *Les Stoïciens*, Paris, Gallimard, 1962, p. 442. – Le texte sera partiellement paraphrasé par Rousseau dans la « profession de foi du vicaire savoyard » (*Émile*, IV, Paris, Gallimard, 1969, p. 579).

d'une « grille d'ordinateurs »[1] mis en réseau ne permettrait pas de résoudre le problème de la distinction qualitative de l'incohérence et de la cohérence : une toile informatique peut-elle constituer un opérateur technique de décohérence, c'est-à-dire de mise en compatibilité des aléas du hasard syntaxique et des exigences d'une intentionnalité sémantique ?

Ce qui n'est qu'un aspect de la difficulté, l'autre se situant dans le travail de lecture, d'interprétation et d'enregistrement dont fait état Gulliver dans la description qu'il donne du « métier » à savoir. Des séquences de mots surgissent, dit-il, au gré de manipulations diverses, qui de temps à autre font *sens*. Mais en vérité en quoi *font*-elles sens ? Il est possible de formuler deux hypothèses : l'une serait que les mots ne sont jamais que des mots, quel qu'en soit l'ordre et quelques suites qu'ils forment en eux-mêmes. Ainsi « Le petit chat est mort » ne voudrait *en soi* strictement rien dire, et l'on aurait tout simplement affaire à cinq mots associés dans une séquence prenant le nom grammatical de « phrase ». Y veut-on voir du *sens*, il faut alors faire attention à se pencher sur la phrase pour la *comprendre*, s'y représenter effectivement quelque chose et en mesurer éventuellement la valeur de vérité – peut-être à l'auscultation du quadrupède poilu qui gît, apparemment inerte, au pied de la méridienne du salon de tante Léonie. À moins, tout au rebours, que la phrase ne fasse précisément sens *par elle-même*. C'est une deuxième hypothèse, qui rattache à la structure syntaxique et à la seule formation réglée des propositions la signification qu'elles expriment ou permettent d'exprimer. L'alternative n'est du reste elle-même pas neuve.

---

1. Traduction de *computer grid*, qui désigne l'interconnexion d'ordinateurs partageant une même tâche lourde et complexe.

«On voit que les pies et les perroquets, écrit Descartes, peuvent proférer des paroles ainsi que nous, et toutefois ne peuvent parler ainsi que nous, c'est-à-dire en témoignant qu'ils pensent ce qu'ils disent»[1]. *Mutatis mutandis*, la question se pose de savoir si les séquences produites par un «métier» à savoir ont une quelconque valeur de sens par elles-mêmes, ou bien si ce ne sont que leurs lecteurs, disciples préposés aux travaux de secrétariat, qui *créent* pour ainsi dire la valeur proprement sémantique des chaînes syntaxiques dont ils font par ailleurs également le relevé. Or peu importent ces disciples et leur sort, c'est du statut ontologique des machines qu'il est fondamentalement question. Le «métier» à spéculer de Swift n'est-il qu'un procédé technique destiné à ordonner, désordonner et réordonner les briques d'une base de données syntaxique, ou bien une matrice intelligente ouverte sur un avenir technologique «post-humain» et tout uniment composé d'hommes et de machines spirituelles? Est-il un calculateur puissant, fiable et amorphe, ou bien l'ancêtre inabouti mais précurseur de dispositifs intelligents et sensibles?

Ces deux difficultés n'en forment véritablement qu'une, le noyau conceptuel et problématique de cet épisode des *Voyages de Gulliver*. Chercher à savoir ce qu'est la mise en cohérence propositionnelle des éléments du discours, c'est se demander si son organisation logico-conceptuelle suffit à en justifier le sens, ou bien si la pensée et une certaine visée intentionnelle sont requises pour passer d'un ordre absurde parce qu'aveugle à une réflexion claire et se déployant «en conscience». De l'ontologie des machines à celle des hommes, les frontières

---

1. *Discours de la méthode*, V. *Cf.* également la lettre au marquis de Newcastle du 23 novembre 1646.

paraissent soudain se troubler et laisser paraître le spectre d'un transhumanisme dont nous risquerions perdre de vue les déterminants conceptuels les plus significatifs.

UNE MACHINE COMBINATOIRE

Un « métier » à penser nous délivrerait du labeur de la réflexion en nous dispensant « du génie ou de l'étude ». C'est comme si la tâche sinon de savoir, du moins de produire le savoir, était déplacée, externalisée et confiée à la seule puissance opératoire d'une machine destinée à « générer », comme on dit désormais, toutes les complexions possibles de mots. Par-delà elles, le corpus exhaustif de toutes les sciences se laisse entrevoir ou deviner. Pourvu évidemment qu'un temps suffisant soit alloué à l'exploitation du dispositif. La polymathie aurait donc partie liée avec la mécanisation du savoir. Philosophie ou poésie, politique ou théologie, même les mathématiques ne seraient que des effets combinatoires et des parties pertinentes parmi toutes les combinaisons possibles entre tous les sémantèmes et opérateurs disponibles. Se dispenser ainsi du « génie » et de « l'étude », c'est au fond se dispenser de tout ce qui peut tenir lieu de médiation dans le raisonnement et se donner ainsi les moyens de raisonner en s'affranchissant de la *peine* de raisonner. « Externaliser » le processus même de la pensée, son activité, c'est faire l'économie de tous les obstacles possibles à l'actualisation du processus intellectif ou cognitif. Non tant cesser de penser qu'isoler le processus de ses conditions psychiques de possibilité, et assez paradoxalement purifier par la technique employée le processus lui-même, libéré des scories de l'entendement

humain, de son substrat corporel et affectif, de sa temporalité
sensible et de son labeur. La mécanisation du système de génération des savoirs n'est que le moyen d'en *situer* les processus
et, les réduisant à un ensemble de manipulations rudimentaires
et intuitives, de les rendre disponibles et malléables. Sur un
mode fictionnel et romanesque, Swift dit tout simplement que
le « savant abstrait » se rend par le truchement d'une machine
palpables et sensibles les opérations intellectuelles présidant à
la découverte des sciences. La figuration concrète et tactile des
sémantèmes – sous la forme de dés reproduisant la totalité des
possibilités de la langue et donc de ses éléments de sens –
conjuguée à la mécanisation des procédures d'organisation de
ces sémantèmes, conduisent ensemble à un véritable « art
d'inventer » les sciences et le système de leurs vérités. Ce qui
revient à dire de la science qu'elle consiste en l'ultime conséquence discursive d'une combinatoire élémentaire, c'est-
à-dire en un certain nombre de combinaisons sémantiques
issues de toutes les combinaisons possibles entre tous les
termes de son vocabulaire et toutes les opérations de sa
grammaire. Le dictionnaire, la morphologie et la syntaxe sont
autant de briques primitives d'un corpus textuel potentiellement réalisable, à la condition de disposer de la puissance
opératoire nécessaire – d'un « métier » à penser opérationnel
et manipulable. Le « métier » de Swift offre un procédé infail-
lible de génération exhaustive de toutes les suites sémantiques
possibles, et dans des conditions d'exhaustivité plus régulières
et mieux ordonnées que si l'esprit avait à entreprendre de les
forger lui-même avec les moyens inconstants et irréguliers qui
sont les siens – la force et le temps venant invariablement à
manquer à ses tentatives. Masqué, ignoré, effacé, Leibniz

serait-il donc le vrai nom de ce « savant abstrait » interlocuteur de Gulliver[1] ?

L'hypothèse technique et pratique du « savant abstrait » est que le corps des sciences résultera d'une accumulation de propositions pertinentes produites de manière relativement automatisée par son dispositif combinatoire. Il est vrai, l'automatisme résulte de l'activité manouvrière des diligents « disciples » chargés de manipuler « les [quarante] manivelles en fer » et de « mettre la machine en mouvement ». Or ce n'est pas exactement le mouvement qui produit les suites qui peuvent « faire partie d'une phrase », c'est le concours des éléments et de leur ordre : « tous les mots de la langue dans leurs différents modes » d'une part, et d'autre part les manœuvres inévitablement réglées que les « élèves » accomplissent ensemble pour réaliser des états à chaque fois nouveaux de la machine. Pour ce point-ci, le deuxième, on remarquera la lenteur du *process* mais également son irréfragable régularité, renforcée par la résistance et l'inaltérabilité des « fils d'archal ». La fatigue des matériaux est négligeable et par conséquent leur fiabilité proche de la perfection. Les lois physiques de la nature entrent donc dans la composition de la grammaire du sens, dont les succès sont précisément dépendants de l'infrastructure chosique à laquelle est adossé l'usage sémantique de la machine.

Pour l'autre point, le *syntactico-sémantique*, la situation est sensiblement plus complexe.

En elle-même et inerte, la machine de Swift est l'analogue matériel d'une véritable base de données, puisqu'elle est tout

---

1. Pour une réponse (arbitraire), *cf.* H.H. Knecht, *La Logique chez Leibniz*, Lausanne, L'Âge d'Homme, 1981, notamment p. 150 *sq.*

simplement composée d'un ensemble structuré d'éléments d'information. Ces éléments sont tous les mots possibles de la langue et le principe de leur juxtaposition est le hasard. Au point de vue des effets escomptés – « perfectionner les sciences spéculatives par des opérations mécaniques » – le hasard n'est pas un obstacle au savoir mais au contraire un principe d'*économie* et un mode d'optimisation du rendement cognitif de la machine. Ce qui est visé n'est pas telle science ni tel corps d'énoncés mais *toutes* les sciences abstraites, de la politique aux mathématiques en passant par la poésie. Une classification *a priori* des mots, fondée sur des principes intentionnels particuliers, serait une contrainte pour l'organisation des suites susceptibles de surgir automatiquement des manipulations machiniques prévues par l'ingénieur. Les mots-clés de la politique ne sont en effet généralement pas ceux de la métaphysique ni ceux de la poésie les principes directeurs de la pensée mathématique. Peut-être y a-t-il donc un meilleur ordre des mots pour l'ingénieur et le poète, ou pour le théologien dont le vocabulaire n'est pas celui du politiste. Mais il n'y a pas de meilleur ordre des mots pour que *toutes* les sciences puissent *à égalité* et indifféremment naître des manipulations machiniques les plus simples, c'est-à-dire d'un traitement mécanique de l'information – sinon précisément le hasard.

D'un autre côté, le présupposé du « savant abstrait » semble être que les mots de la langue naturelle sont comme des notions primitives de l'esprit et les éléments initiaux du savoir, pour ainsi dire un « alphabet des pensées » [1]. Peut-être postule-t-il au-delà du raisonnable, mais ce qui est sûr, c'est que pour

---

1. L'expression, relativement courante dans les écrits philosophiques de Leibniz, fait l'objet d'une analyse circonstanciée de L. Couturat dans *La Logique de Leibniz*, Hildesheim, Olms, 1985, chap. II, p. 35.

lui les mots de la langue sont intelligibles par eux-mêmes et que leurs possibles connexions sont immédiatement décelables et décidables. Pour user librement d'une autre locution leibnizienne[1], la langue serait par elle-même, dans sa transparence, une « analytique des pensées humaines » et la matrice de toutes ses combinaisons possibles. Cela veut dire qu'en vertu de la transparence du dictionnaire et de sa grammaire :

> Sous le pont Mirabeau coule la Seine
> Et nos amours
> Faut-il qu'il m'en souvienne[2]

serait aussi immédiatement intelligible que :

> Les esprits peuvent être enchaînés aux corps soit par mode de forme, comme l'âme l'est au corps humain, pour lui donner la vie, soit, en dehors de ce rôle de forme, à la manière dont les nécromanciens, par la puissance des démons, enchaînent les esprits à des figurines ou à d'autres objets de ce genre[3].

Ce qui n'empêcherait pas que « carné confessions par envers grilles patente » ne soit retenu dans aucun registre des savoirs. Dans un tel dispositif de fabrication du sens, on a donc plutôt affaire à une technique d'optimisation de la production textuelle qu'à un procédé de clarification des pensées, dont le caractère d'emblée manifeste ne fait nullement problème, même si en dernier ressort l'industrie textuelle rejoint un envisagement de la vérité. Le principal de l'appareil

1. Voir par exemple « Sur la caractéristique et la science », dans *Recherches générales sur l'analyse des notions et des vérités*, Paris, PUF, 1998, p. 160.
2. Guillaume Apollinaire, *Alcools*, « Le Pont Mirabeau ».
3. Saint Thomas, *Contre les gentils*, livre IV, § 90, « Comment des substances immatérielles peuvent être tourmentées par un feu matériel ».

est dans la *combinatoire* proprement dite et dans les propriétés syntaxiques qu'elle mobilise et met constamment en œuvre – régulièrement, machinalement et en toute sûreté. L'efficacité sémantique et cognitive repose sur le double postulat d'une parfaite équivalence de tous les éléments du sens – de tous les mots et de toutes les représentations qu'ils recouvrent – ainsi que d'une traductibilité des règles syntaxiques du langage en mouvements et manipulations physiques. On ne pourra pas déceler de distinction significative entre un terme et une représentation complexes ou un terme et une représentation simples. Les propositions ne sont susceptibles de différer qu'en raison des combinaisons qui les produisent, non de l'équivocité de leurs composants sémantiques. Elles diffèrent donc syntaxiquement, et c'est à cette seule condition qu'elles sont susceptibles de différer également sémantiquement. Mais la composition même du composé n'est nullement problématique : le langage est naturellement sans équivoque, tandis que la grammaire ontique des savoirs, l'aveugle rotation des manivelles et des blocs informationnels qu'elles permettent de manipuler, est la cause efficiente d'une polygraphie universelle et, au moins asymptotiquement, de la formation de tous les savoirs.

Que fait effectivement, dans un tel dispositif, le hasard ? Par une certaine combinaison qu'engendrent les aléas de la rotation des unités informationnelles, des vérités surgissent qui sont évaluées comme par automatisme. Mal formées et aberrantes, les séquences obtenues sont purement et simplement négligées. Si en revanche elles forment des suites admissibles, elles constituent les éléments des savoirs que transcrivent et disposent progressivement les « élèves » assignés aux tâches de secrétariat. Le procédé est donc à la lettre destructeur d'information – élimination de tout aléatoire de bits de données : les « dés » – en même temps qu'il est producteur

de connaissances – rétention de l'information organisée en
séquences sémantiquement pertinentes. La part principale de
la constitution du sens semble ainsi revenir au *process* lui-
même où se forment les cristallisations syntaxiques susceptibles de rétention et de retranscription sémantique. Et si
l'essentiel est dans le *process*, il est dans le mouvement, dans
les courbes que dessinent les manivelles, dans les contrac-
tions musculaires qui les conditionnent, dans une géométrie
physique dont on pourrait, après tout, décrire par avance
les courbes et les intégrales – à l'aide d'un Analyseur
Différentiel ?

PRATIQUEZ-VOUS LA CONVERSATION CHINOISE ?

Il est acquis que le « métier » du « savant abstrait » est une
machine à polygraphier et atteindre par ce truchement une
mathesis universalis. Métaphore ouvrière du reste pleinement
appropriée puisqu'il n'est question que de tisser en phrases et
discours vérifiables des mots dont on comprend immédiatement le sens au moyen d'opérations dont on maîtrise exactement une grammaire d'une parfaite simplicité mécanique –
rotative et contrarotative. Une première phase dans la constitution du Savoir Absolu se situe ainsi au niveau du *calcul* si,
par ce terme, on entend un système exhaustif de permutations
réalisant progressivement toutes les combinaisons possibles
entre les termes, tous primitifs, d'un vocabulaire donné.
Tâches de calcul précisément dévolues à la machine, capable
du fait de son architecture de générer la totalité des
conjonctions syntaxiques possibles.

C'est cependant oublier que certains disciples du maître
étaient chargés de « lire tout bas les lignes » et de les dicter

éventuellement « aux quatre autres jeunes gens qui servaient de secrétaires ». Autrement dit, c'est oublier qu'il y a dans la constitution effective et non pas seulement virtuelle du savoir une deuxième dimension qui consiste dans la reconnaissance, la constitution, et l'enregistrement du *sens*. Oubli que la relation des chaînes syntaxiques aux chaînes sémantiques n'est peut-être pas isomorphe, et que l'accumulation des déchets informationnels est la marque d'une impuissance de la machine dans le succès même de la machine. Produire indéfiniment du texte, serait-ce dans les limites du possible que détermine l'extension finie du vocabulaire de la langue, c'est produire et accumuler un nombre restreint de propositions pertinentes dont la pertinence ne semble précisément pas relever des opérations de la machine elle-même. Elle pose en fait la question de la *nature du rôle* des « élèves » chargés de retenir les mots « qui pouvaient faire partie d'une phrase ». Une hypothèse raisonnable voudrait qu'ils aient spontanément la présence d'esprit de *comprendre* les chaînes de mots envisagées, puis de les consigner dans le registre approprié de la discipline savante concernée. Une autre hypothèse, plus audacieuse, voudrait qu'ils ne soient que des *secrétaires du sens* affectés à la retranscription de pensées déjà présentes dans les rouages de la machine. Tâche en elle-même problématique et susceptible d'interroger la nature de l'« intelligence artificielle ». La question de savoir ce que font ces « élèves » est en fait la question proprement métaphysique du rapport de la conscience aux formes purement syntaxiques auxquelles est adossée la pensée. De la manipulation des symboles – les mots – est-on autorisé à inférer l'immanence de leur signification ? Ou bien le sens est-il ajouté, d'une manière ou d'une autre, aux opérations techniques et informationnelles sur lesquelles il repose ?

Poser plus précisément le problème – à défaut de le résoudre – requiert un sensible anachronisme. Imaginons une « expérience de pensée », dit le philosophe américain John Searle, telle que nous soyons en mesure de manipuler des symboles chinois avec une extrême dextérité et propriété syntaxique, sans évidemment jamais avoir eu l'occasion d'apprendre préalablement la langue chinoise [1]. Faisons également l'hypothèse qu'on nous apporte des paquets successifs de tels symboles (*input*) et que nous les remettions à nos généreux donateurs parfaitement ordonnés, conformément aux règles syntaxiques d'accord de la langue (*output*). Nous tiendrions alors des discours en chinois, dit en substance Searle, auxquels cependant nous ne comprendrions strictement rien – tout comme un ordinateur, disposant sur le mode de l'*input/output* la série des données informationnelles qu'il détient en mémoire, produit effectivement des « résultats », c'est-à-dire une « science » à laquelle il n'entend évidemment pas un traître concept !

Pour traduire cette expérience de pensée dans les termes du roman de Swift, le « métier » intellectif du « savant abstrait » ne serait qu'une machine aveugle et une béquille de l'entendement humain. Libéré de ses propres vicissitudes, l'étude et la fatigue, grâce à l'inlassable répétitivité des opérations machiniques productrices de séquences, l'entendement conserverait le privilège de la compréhension et d'identifier *a posteriori* comme des phrases, discours et donc éléments des sciences telles suites lui paraissant adéquates à la vérité. La question n'est certainement pas, ici, de savoir comment il se trouve que

1. Les textes de J. Searle faisant mention de cette expérience de pensée sont assez nombreux. L'un d'eux, particulièrement abordable, se trouve dans *Du Cerveau au savoir*, Paris, Hermann, 1985, chap. 2 (*passim*).

l'entendement sait ce qu'il sait. Elle est plutôt de s'assurer que l'impuissance de la machine de Swift ne tient pas seulement au fait qu'elle soit construite de bric et de broc, de petits dés et de fils d'archal plutôt que de silicium, de processeurs et d'électrons.

L'allégorie de la « Chambre Chinoise » aide à comprendre le problème de l'« intelligence artificielle forte »[1]. La position de John Searle, à cet égard, a toujours été claire et immuable : « La seule manipulation de symboles, seraient-ils au nombre de milliards, n'est pas constitutive du sens ni d'un contenu de pensée, consciente ou inconsciente. [...] La syntaxe d'un programme applicatif n'en fait pas la sémantique »[2]. *Calculer n'est pas signifier.* Or le concept d'une «intelligence artificielle forte» est celui d'une réplicabilité machinique non seulement de suites syntaxiques de symboles qui, en nombre suffisamment grand, peuvent donner un texte, une image, ou une sonate de Chopin; mais également des processus intimes de la conscience, de la compréhension que nous avons des choses, de nos croyances, etc. La conscience et la pensée sont bien des opérations dont le support est immanquablement biophysique – nous ne nous situons nullement dans un repère cartésien à fort degré d'immatérialité de l'âme – mais il existe une différence qualitative irréductible entre les possibilités propres de la programmation symbolique et la nature des connexions, processus et calculs nécessaires à l'esprit pour

---

1. Ou, en anglais, *strong AI.*

2. « I Married a Computer », dans G. Gilder, R. Kurzweil, J. Richards (dir.), *Are We Spiritual Machines?*, Seattle, Discovery Institute Press, 2002 (nous traduisons). – Chapitre disponible en ligne : http//www.kurzweilai.net/meme/frame.html?main=/articles/art0499.html (à la date de la publication).

produire le phénomène de la conscience dans sa dimension spécifiquement intellectuelle et sémantique.

L'hypothèse de l'«intelligence artificielle forte» n'en demeure pas moins elle-même : forte ! Considérons-en rapidement deux expressions relativement congruentes, quoiqu'elles émanent de positions disciplinaires distinctes.

a) En souvenir des émotions du célèbre HAL[1], on fera l'hypothèse que l'externalisation de la pensée et de la conscience suppose que les mots et leurs déclinaisons, que les opérateurs logiques et leur diversité, ne sont pas simplement les outils de la pensée mais la pensée *elle-même* et son propre «corps». N'est-il pas vrai, après tout, que nous ne pensons pas *avec* mais *dans* les mots[2] ? On postulera donc que si une machine est susceptible de produire non seulement des séquences syntaxiques bien formées, mais également des propositions pertinentes, même en nombre restreint, c'est qu'elle extrait des briques de son programme la trame d'un système de significations ressortissant tout autant aux grammaires calculées qu'aux unités de sens mobilisées. HAL et Dave conversent. Qu'est-ce à dire ? Daniel Dennett répond que «tout programme qui pourrait effectivement tenir sa place dans la conversation [...] devrait être un système extraordinairement puissant, sophistiqué et à de nombreux niveaux, regorgeant de "connaissance du monde", de méconnaissances et de métaméconnaissances sur ses propres réponses, sur les

1. Dans le film de Stanley Kubrick, *2001 : l'odyssée de l'espace*, HAL est un ordinateur transi d'angoisse à l'approche de sa déconnexion, c'est-à-dire de sa «mort».

2. Pour suivre cette piste philosophique, voir Hegel, *Encyclopédie des Sciences philosophiques III*, «Philosophie de l'Esprit», § 462 (et additif), Paris, Vrin, 1979, p. 260 *sq.* et 560 *sq.*

réponses probables de son interlocuteur, sur ses propres "motivations" et sur celles de son interlocuteur, et bien d'autres choses encore »[1]. Converser, ce n'est pas échanger de simples propositions bien formées et *virtuellement* intelligibles, c'est intelliger *actuellement* et effectivement les significations intriquées et opaques de séquences verbales plurielles et corrélées. « Searle ne nie pas que les programmes puissent avoir cette structure, ajoute un peu plus loin Dennett, […] il nous décourage simplement de nous en occuper ».

On pourrait en conclure que les deux philosophes admettent la convertibilité de la conscience en un ensemble de programmes et donc la traductibilité de sa sémantique en un système syntaxique. Or c'est précisément ce dernier point qui les sépare. L'hypothèse de Dennett est que l'augmentation quantitative des instructions qu'un appareil numérique est en mesure de traiter doit provoquer, au-delà d'un « passage à la limite », une permutation qualitative de son programme. « Il est *difficile d'imaginer* comment une "plus grande quantité de la même chose" pourrait finir par revenir à de la compréhension, mais nous avons de bonnes raisons de croire que c'est possible », continue-t-il. Les systèmes logiciels ne sont en effet pas linéaires mais entrelacés et implémentés à des niveaux instructionnels distincts qui opèrent simultanément et traitent des informations de registre et d'importance distincts. Rien n'interdit donc de concevoir au moins la possibilité que le nombre et la complexité d'intrication des logiciels puissent simuler l'activité cérébrale proprement dite et dupliquer, sous forme d'instructions – et au fond de « manipulations » – les

---

1. *La Conscience expliquée*, trad. fr. P. Engel, Paris, Odile Jacob, 1993, p. 543.

processus cérébraux responsables du phénomène de la réflexion, de la compréhension, de la conscience.

b) Difficulté n'est donc pas impossibilité. Se situant dans une perspective plus strictement technique, l'informaticien Ray Kurzweil permet de décrire les contours pratiques des intuitions philosophiques de Daniel Dennett. Kurzweil réinterprète de bout en bout l'allégorie de la Chambre Chinoise et en dénonce le caractère techniquement fallacieux. Le talon d'Achille de l'argument de Searle résiderait en effet dans la réduction supposée des opérations informatiques à de simples calculs syntaxiques – articulation ordonnée et linéaire de « mots » traductibles en 0 et en 1, donc en mouvements d'électrons. Or les machines sont désormais capables de calculer des situations requérant des techniques « auto-organisationnelles » de « chaos émergent », de « reconnaissance des formes », d'« algorithmisation évolutive », etc. Autrement dit, une machine n'est plus seulement destinée à réaliser séquentiellement toutes les lignes du programme définissant ses tâches. Elle génère plutôt, au fur et à mesure de ses besoins, les programmes requis par les situations qu'elle calcule en temps réel – comme par exemple quand, à l'approche finale, le pilote automatique calcule en temps réel les modifications de poussée des réacteurs, de voilure ou d'assiette requises par l'environnement météorologique dans lequel évolue l'aéronef. Certes, les avions ne pensent pas, mais la question n'est évidemment pas là. Elle est dans la *modélisation* des procédures de l'intelligence, et dans la complexité formelle des processus qu'il conviendrait de reproduire. Autrement dit, ce n'est pas d'augmentation quantitative qu'il s'agit ici – puissance des processeurs, capacités de calcul – mais de nature ou de qualité de la computation. Pratiquement, l'horizon envisagé est celui d'un fonctionnement machinique analogue aux connexions neuronales du cerveau et aux phénomènes de reconnaissance qui les accompagnent. « Je ne prétends pas, écrit Ray Kurzweil, qu'une recréation parfaite ou presque parfaite du cerveau humain ferait un être nécessairement conscient. [...] Ce que j'affirme avec force, c'est que nous disposerons d'ici quelques décennies d'entités capables de revendiquer avec succès d'être conscientes » [1].

DES MÉTIERS ENTOILÉS

Les théories de l'« intelligence artificielle forte » postulent que des connexions machiniques isomorphes aux connexions organiques du cerveau sont possibles. Hypothèse sans doute impossible à formuler à la seule lecture du texte des *Voyages de Gulliver*, mais que le « métier » à savoir aide à problématiser. Sans doute les bases technologiques requises sont-elles hors de proportion avec la machine de Swift. Supposant une temporalité machinique identique à la temporalité cérébrale, elles impliqueraient que les chemins sémantiques suivis par la machine – les « sentiers » ou « pistes » dont parle Vannevar Bush – présentent le même degré de complexité que ceux de la pensée organique. Parallélisme, décohérence, reconstruction instantanée des formes représentationnelles, ces propriétés cérébrales sont hors de portée des machines dont nous disposons et de leur architecture binaire, où c'est la *succession* des 0 et des 1 qui forme l'opération de base de leur fonctionnement. L'isomorphisme de la pensée cérébrale et du calcul machi-

---

1. « Locked in His Chinese Room », dans *Are We Spiritual Machines ?*, *op. cit.* – Chapitre disponible en ligne : http//www.kurzweilai.net/articles/art0495.html (à la date de la publication).

nique reste à venir, et rien ne sert d'anticiper une chronologie exacte pour un futur dont nous ne savons guère comment notre présent est en train de l'écrire. En revanche, dès lors qu'on suppose que des machines peuvent sous certaines conditions passer avec succès le « test de Türing »[1], il n'est paradoxalement pas insensé de chercher auprès de Gulliver à identifier certaines conditions de possibilité de la constitution des machines intellectives.

Revenons à cet effet aux revendications du « savant abstrait » : « [que] le public [consente] à fournir les fonds nécessaires pour établir cinq cents machines semblables dans le royaume, et [que] les directeurs de ces établissements [soient] obligés de contribuer en commun aux différentes collections » ! Mais pourquoi le « savant abstrait » aurait-il en effet *absolument* besoin de cinq cents plutôt que d'une seule machine ? La question du temps est sans doute importante si l'on imagine que cinq cents fois quarante étudiants accompliraient cinq cents fois plus rapidement la tâche de collecter tous les préceptes des connaissances spéculatives, rapprochant d'autant les échéances ultimes du Savoir Absolu. Supposant que la demande du « savant abstrait » concerne l'augmentation du temps-machine disponible, on postule ainsi qu'il existe une relation de proportion entre la mobilisation de ressources financières et humaines d'une part, l'accroissement quantitatif et donc qualitatif de la puissance computationnelle d'autre part.

Or en réalité la relation serait plutôt de proportion inverse et ses enjeux ailleurs. La revendication traduite par Gulliver exige une autre grille de lecture que quantitative et qu'on

1. Où l'usager est incapable de dire avec qui, de l'interface machinique ou d'un tiers opérateur, il interagit. – *Cf.* F. Varenne, *Qu'est-ce que l'informatique ?*, Paris, Vrin, 2009, p. 19 *sq.*

s'intéresse aux objectifs cognitifs qu'elle entend viser. Elle gravite en vérité autour de deux choses.

a) L'augmentation du nombre des machines ne sert pas à faire autant de fois plus d'opérations qu'il y a de machines et d'opérateurs disponibles, mais à faire autant de fois *autrement* ce que fait chacune d'elle. Le principe de la multiplication des machines est en effet celui de la distribution des tâches parmi elles. Il serait parfaitement vain que cinq cents machines parfaitement identiques remplissent exactement les mêmes fonctions avec exactement les mêmes sémantèmes disposés de façon exactement identique. Si par exemple les mots *sans ordre* de la machine A sont ainsi disposés que « tarte » jouxte « par » et « global » jouxte « cornichon », il serait assez judicieux que le *désordre* des mots fût différent sur B, C ou Z. « Désordre » ne signifie en effet rien autre chose qu'« ordre aléatoire », ce qui implique qu'il y ait autant d'ordres aléatoires que de machines. À cette condition seulement, que les machines produisent des textualités différenciées, l'augmentation du nombre des machines permettrait d'opérer un saut à la fois quantitatif – cinq cents opérations au lieu d'une – et qualitatif – des opérations rigoureusement distinctes les unes des autres – susceptible d'augmenter le nombre et la pertinence des résultats sémantiques obtenus par les machines disposées en *grille*.

b) Consécutivement à cet agencement des dispositifs, il faut se donner les moyens de gérer leur « parallélisme ». Si l'on suppose que telle machine, au bout d'un certain temps, parvient à faire ressortir cette proposition que « Le *Je pense* doit pouvoir accompagner toutes mes représentations », il est capital que toutes les autres machines soient instruites de ne pas retenir un résultat identique et de le négliger, alors même que la vérité en serait indubitable. L'augmentation du nombre des machines n'est donc pas une simple affaire de *hardware* mais aussi et surtout de *software*. Le principal est de s'assurer que les instructions exécutées par les machines ne soient pas redondantes mais parallèles. Ainsi, dans le cas de figure relaté par Gulliver, vingt-mille élèves auraient à se surveiller mutuellement, non pas au sens péjoratif d'une méfiance réciproque, mais au sens technique et cognitif d'une optimisation de leurs instructions individuelles.

Le vrai problème auquel est confronté le « savant abstrait » n'est donc pas celui, économique et politique, du financement de sa trouvaille; c'est celui de la viabilité et de la performativité de sa trouvaille. L'objection ne porte pas, du reste, sur l'improbabilité de son succès. L'essentiel se situe dans la capacité à programmer l'exécution du programme de la machine, et non pas seulement dans celle de programmer la machine elle-même. Le « métier » à savoir dont il dispose est très correctement programmé : ses éléments conceptuels sont transparents et ses commandes s'exécutent aussi régulièrement que le peuvent les élèves qui le manipulent. Faisons l'hypothèse que ce sont de bons élèves, robustes et intelligents, et les sciences se mettront à leur portée. On ajoutera que par extraordinaire ils jouissent d'une longévité infinie, d'une volonté uniforme, et d'un amour indéfectible pour leur maître – l'affaire est entendue. Mais la difficulté demeure s'il faut réunir cinq cents machines et autant de fois quarante opérateurs, sans compter des lecteurs et des secrétaires du sens qu'il faut informer de leurs prérogatives spécifiques. Il faut instituer des règles d'entente parmi eux, leur donner les moyens de communiquer, de se répartir les tâches, d'enregistrer successivement et en bonne place chacun de leurs acquêts. Bref, il faut un *réseau* de tel « métiers », des liens épistolaires et des instructions parta-

gées – il faut des ordinateurs interconnectés, il faut l'*Internet* et
sa puissance de calcul *distribuée*.

*

De même que la description du « métier » à textualiser de
Swift constitue une approche élémentaire mais pertinente de
la question du traitement informationnel de l'intentionnalité
linguistique – le « vouloir-dire », l'expression signifiante – de
même l'idée d'une *toile* de ces « métiers » donne à comprendre
le concept d'une « intelligence distribuée ». L'enjeu du
problème n'est pas exactement dans l'étalement géographique
ou technologique des intelligences, ou dans la répartition des
ressources qu'elles mobilisent et la dispersion des résultats
obtenus. Il est plutôt dans l'*interprétation* de l'intelligence
comme distribution, et dans l'idée qu'un réseau de machines
– comme un réseau de neurones – est peut-être susceptible
d'accomplissements cognitifs de nature différente de ceux
que réaliserait une entité unique et isolée, une sorte d'isolat
intellectuel, fût-il psychique ou machinique, et aussi puissant
qu'on voudra. L'idée d'une toile finement nattée de « métiers »
intellectifs recouvre la nécessité de réguler constamment,
c'est-à-dire ordonnément et continûment, les flux informationnels qui la traversent, et par conséquent d'opérer en
permanence un rééquilibrage adaptatif des tâches accomplies.
Ce qui veut dire *et* que chaque machine doit exécuter par
elle-même les tâches qui lui sont allouées, *et* qu'elle doit en
informer en temps réel son réseau afin d'optimiser la gestion
commune des résultats par leur intégration et réévaluation

constantes[1]. C'est parce que l'essentiel est dans l'écho que se renvoient les machines les unes les autres que le problème majeur de cet entoilement des « métiers » est un problème d'ordre, de mesure, et par conséquent de télécommunications informationnelles.

Veut-on donc que quarante mille étudiants travaillent ensemble à l'architecture de tous les savoirs ? Il ne suffit pas de leur offrir une machine à savoir et de leur prodiguer des soins, il faut leur fournir de l'encre et du papier, des drapeaux télégraphiques, un régiment de laquais, des pigeons voyageurs – ou un réseau d'engins numériques, des routeurs intelligents, des câbles et de la fibre optique. Et peut-être aussi délocaliser les savants balnibarbes en Californie !

---

1. Tel est le principe de réseaux comme SETI@home, développé par l'Université de Berkeley (Californie) pour la recherche de traces d'intelligence extraterrestre (http://setiathome.ssl.berkeley.edu/). Au sein des réseaux de transfert de fichiers de type P2P, chaque machine évalue également ses possibilités de traitement en fonction de l'évolution permanente de son environnement opératoire.

ÉPILOGUE

Jonathan Swift n'est pas très éloigné de Vannevar Bush. Une machine à penser, quelle qu'en soit la configuration matérielle, ne remplit en vérité ses fonctions cognitives que reliée et associée à d'autres machines dont elle exploite les ressources en mettant les siennes à leur disposition. La réticularité sublime, si l'on peut dire, l'être machinique de la machine. Isolé et confiné au seul traitement interne de l'information, un dispositif numérique ne remplit qu'une fonction de moyen assigné à des fins qui le transcendent à l'évidence complètement. Comme le crayon, qui ne pense pas plus que la feuille de vélin sur laquelle il sert à calligraphier les vers de Racine ou la liste des cadeaux de communion de la petite Anne-Charlotte…

Ce n'est pas que, connectées les unes aux autres, les machines électroniques se mettent à penser. En revanche, il devient de plus en plus évident que le traitement réticulé de l'information n'est plus une béquille mais bien une extension de la pensée. Diversement interconnecté, *un ordinateur* est un objet qui, relié par câble ou par les ondes à un espace extrêmement complexe, à la fois industriel, social, politique, informationnel, culturel, *donne la pensée en spectacle*.

L'Internet est assurément la scène de théâtre où se joue désormais ce spectacle. Vannevar Bush aussi bien que Jonathan Swift nous auront permis de baliser intellectuellement les limites territoriales et objectives de cette scène. Le drame qui s'y joue, c'est une autre affaire. Peut-être pouvons-nous espérer déléguer une part de nos pensées à nos machines et espérer que, comme greffons, elles nous permettront dans l'avenir de penser notre réalité, nous-mêmes et notre monde, avec plus d'exactitude et de profondeur. Ou peut-être attendons-nous trop de processus fragiles, que la moindre faute de programmation, si vénielle soit-elle, ou les moindres fluctuations de l'énergie disponible, rendent tout simplement ineffectifs et caducs. Une chose est sûre, c'est que la masse informationnelle des réseaux s'accroît exponentiellement de la participation indéfinie de leurs usagers. Il est possible que nous en soyons, au moins virtuellement, d'autant plus savants. Comme il est dans le fond possible que nous soyons seulement en train de réécrire *Hamlet* ou quelque autre pièce de Plaute ou de Molière, au risque de faire figure, aux yeux de la postérité, de réticulés mais inconsistants « singes dactylographes »[1].

---

1. Due au mathématicien et statisticien Émile Borel (1871-1956) l'allégorie renvoie un piquant hommage à l'imaginaire swiftien et, au-delà, aux rêveries lucrétiennes ou à la sévérité d'un Cicéron.

TABLE DES MATIÈRES

DANS LA MÊME COLLECTION

Jérôme DOKIC, *Qu'est-ce que la perception ?*, 2ᵉ édition
Éric DUFOUR, *Qu'est-ce que le cinéma ?*
Éric DUFOUR, *Qu'est-ce que la musique ?*
Hervé GAFF, *Qu'est-ce qu'une œuvre architecturale ?*
Pierre GISEL, *Qu'est-ce qu'une religion ?*
Jean-Yves GOFFI, *Qu'est-ce que l'animalité ?*
Gilbert HOTTOIS, *Qu'est-ce que la bioéthique ?*
Catherine KINTZLER, *Qu'est-ce que la laïcité ?*, 2ᵉ édition
Patrick LANG, *Qu'est-ce que l'argent ?*
Sandra LAPOINTE, *Qu'est-ce que l'analyse ?*
Michel LE DU, *Qu'est-ce qu'un nombre ?*
Pierre LIVET, *Qu'est-ce qu'une action ?*, 2ᵉ édition
Lorenzo MENOUD, *Qu'est-ce que la fiction ?*
Michel MALHERBE, *Qu'est-ce que la politesse ?*
Michel MEYER, *Qu'est-ce que l'argumentation ?*, 2ᵉ édition
Paul-Antoine MIQUEL, *Qu'est-ce que la vie ?*
Jacques MORIZOT, *Qu'est-ce qu'une image ?*, 2ᵉ édition
Gloria ORIGGI, *Qu'est-ce que la confiance ?*
Roger POUIVET, *Qu'est-ce que croire ?*, 2ᵉ édition
Roger POUIVET, *Qu'est-ce qu'une œuvre d'art ?*
Manuel REBUSCHI, *Qu'est-ce que la signification ?*
Dimitrios ROZAKIS, *Qu'est-ce qu'un roman ?*
Franck VARENNE, *Qu'est-ce que l'informatique ?*
Hervé VAUTRELLE, *Qu'est-ce que la violence ?*
Joseph VIDAL-ROSSET, *Qu'est-ce qu'un paradoxe ?*
John ZEIMBEKIS, *Qu'est-ce qu'un jugement esthétique ?*

Imprimerie de la Manutention à Mayenne (France) – Septembre 2009 – N° 237-09
Dépôt légal : 3ᵉ trimestre 2009